AF353016

Editorial
NUN

Género y libertad
Una aproximación
a la condición sexuada

UNIVERSIDAD PONTIFICIA
DE MÉXICO

CENTRO DE
ESTUDIOS DE
FAMILIA
BIOÉTICA
SOCIEDAD
UNIVERSIDAD PONTIFICIA DE MÉXICO

Editorial
NUN

Catalogación de obra

Acha Alemán, Martinique

Género y libertad
Una aproximación a la condición sexuada

1a. edición, 2021

ISBN: 978-607-99201-1-1

Editorial NUN
Impreso en la Ciudad de México

Formato: 15 × 21 cm

174 pp.

Editorial NUN

Es una marca de Editorial Notas Universitarias, S.A. de C.V.

Xocotla 17, Tlalpan Centro II, alcaldía Tlalpan,
Ciudad de México, C. P. 01400

www.editorialnun.com.mx

Dirección editorial, diseño de portada e interiores: Miryam Meza Robles
Edición y corrección de estilo: Felipe G. Sierra Beamonte

Impreso en la Ciudad de México

Género y libertad
Una aproximación a la condición sexuada

Martinique Acha Alemán

Índice

Prefacio

En noviembre de 2015 el papa Francisco describió la situación cultural contemporánea como un cambio de época, más que una época de cambios,[1] esto significa que nuestra generación se encuentra en la fase de creación de una nueva civilización que aún no sabemos cómo será. En todo caso, como señala el Papa, se trata de un cambio antropológico y cultural que influye en todos los aspectos de la vida y que requeriría un enfoque analítico diversificado.[2] Evidentemente se prospecta una civilización que en muchos aspectos se aleja de la matriz cristiana que hasta ahora ha marcado en sustancia la cultura prevalente por siglos, tanto del viejo continente como de América, de algunas regiones de Asia y de Oceanía, pero en muchos otros aspectos se trata de la evolución de ideas y actitudes cristianas que no pueden ser desechadas globalmente *a priori*.

Conviene recordar que no es la primera vez que en la historia de la humanidad ocurre algo así. Podemos pensar, por ejemplo, en el momento en que el continente americano fue "descubierto" por los europeos. Para los países que se asomaban al Atlántico, como España,

---

[1] Cfr. Encuentro con representantes del V Congreso Nacional de la Iglesia Italiana, Florencia, 10 de noviembre de 2015: "Si può dire che oggi non viviamo un'epoca di cambiamento quanto un cambiamento d'epoca".

[2] Cfr. Exhortación Apostólica Post-sinodal *Amoris Laetitia*, n. 32, 1979.

Francia, Gran Bretaña y Portugal, significó un beneficio en muchos aspectos, ya que el Mediterráneo se volvió periférico con respecto a las nuevas rutas comerciales y a los grandes negocios. Las cuestiones importantes cambiaron de eje. Otro cambio de época se vivió con el descubrimiento de la energía eléctrica y más tarde de la invención de las máquinas a vapor. ¿Cuál es entonces la novedad del cambio actual? Podemos decir que en esta ocasión se entrecruzan muchos factores. Algunos creados por la inteligencia de los seres humanos, otros por el complejo contexto económico, social, climático, etc. Algunos de estos cambios tienen al ser humano como protagonista, otros nos hacen experimentar inseguridad e incerteza de cara a situaciones nuevas que no logramos gobernar y dominar, como está ocurriendo con la pandemia de SARS-CoV-2. Veamos algunos de estos cambios.

1. Por primera vez en la historia de la humanidad, la mitad de la población está interconectada, millones de personas pueden intercambiar información en tiempo real. Hoy las personas se comunican más con un SMS a través de WhatsApp u otras redes sociales, que por medio de una conversación.[3] Se escribe mucho más de cuanto se habla, y esto comporta un decaimiento del diálogo, en el sentido de que cuando se habla con una persona se dialoga, se interrumpe, se escucha. Hoy se reducen la palabra y el pensamiento profundo; lo que interesa es intervenir en la red inmediatamente; se debe participar sobre un hecho de manera instantánea, porque si se hace un par de horas después ya no cuenta, en tanto al menos otras 150 personas habrán participado ya. De esta forma es difícil manifestar un pensamiento profundo y articulado; la comunicación se convierte en algo superficial y bana .

2. A esto sigue el problema de la confusión entre conocer y saber. Conocer es distinto de saber. El saber comporta una profundización entre el objeto de conocimiento y el sujeto mismo. Tus conocimientos y los de los demás construyen una sabiduría. La red transmite la sensación de que conocer es lo mismo que saber, porque

---

[3] En Italia se dice que 73% de los muchachos y 67% de las chicas se comunican hoy a través de mensajes de celular en lugar de hablar. Cfr. Centro Internazionale Studi Famglia, Le relazioni Familiari nell'era delle reti digitali. Nuovo Rapporto CISF 2017, Milán, Edizioni San Paolo, 2017.

no se tiene tiempo de dar un paso sucesivo: cuando se ha hecho ese esfuerzo, aquella noticia está ya superada por otra actual y por tanto se vive la fatiga de seguir la información, de estar continuamente actualizado, con el riesgo de la banalidad. Aquí se podría analizar también el problema de la formación de la opinión pública y del voto en democracia.

3. Tradicionalmente la opinión pública se había formado con la comunicación oral, con el discurso, con los diarios, pero en la actualidad se crea mediante las redes sociales, con efectos totalmente diferentes.

4. A nivel económico, mientras precedentemente el producto interno bruto dependía fundamentalmente de dos cosas: las materias primas y la energía, hoy el 70% del PIB de los países del G7, países ricos como Canadá, Francia, Alemania, Italia, Gran Bretaña, Japón y Estados Unidos, deriva de bienes inmateriales, no de la energía y las materias primas, sino de las tecnologías de la información, de las comunicaciones. Aquí se podría mencionar también los cambios en el modo de producir.

5. Otro dato que se puede mencionar son las biotecnologías. Como se sabe, hoy se puede intervenir sobre un gene enfermo para sustituirlo con una parte sana. Y mientras se trata de curar enfermedades todo suena bien, pero hay siempre un riesgo ético. Ya no es ciencia fi ción los hombres Ciborg, hoy se puede adquirir un kit de chip intradérmico, el cual contiene toda tu información, desde la tarjeta de crédito, correo electrónico, pasajes aéreos, del tren o la clave de entrada a tu casa. Ya no es necesario llevar un celular, una tablet o una computadora portátil. Esto crea nuevos problemas de responsabilidad en el ejercicio de los poderes, de los conocimientos científi os y una nueva visión del ser humano.

Entre los factores externos que causan ansiedad e inseguridad a los seres humanos está también el problema de las migraciones. Mientras en el pasado las migraciones ocurrían hacia lugares donde había amplios territorios despoblados (piénsese en las migraciones europeas hacia América) hoy se presentan en regiones con ciudades densamente pobladas, con altos riesgos de conflictos sociales y ruptura de los equilibrios, que han provocado la proliferación de los muros en el mundo (Vgr. entre Grecia y Macedonia, entre Austria y Alemania, entre Austria y Eslovenia, entre Palestina e Israel, entre Estados Unidos y México, etc.). Estas migraciones plantean a los ciudadanos los problemas de la identidad, de la homogeneidad cultural y del *welfare* (bienestar). El Papa se esfuerza para que la respuesta política no sea el miedo y los muros, sino la acogida. Pero la acogida no resuelve todos los problemas graves que comportan estas formas de migración contemporánea.

En síntesis, cuando hablamos de "cambio de época" lo hacemos de cambios en los que se entrecruzan estos factores y que están cambiando las relaciones, el modo de producir, de comunicar y, sobre todo, la autocomprensión del ser humano y sus instituciones.

Los cambios que estamos presenciando comportan muchos aspectos positivos, tanto para la sociedad como para las personas y, desde luego, para los matrimonios y las familias. En la Exhortación Apostólica Post-Sinodal *Amoris Laetitia* (1979, Conferencia Episcopal Española) se reconoce, por ejemplo, el beneficio para los hogares de la existencia de mayores espacios de libertad y una mayor comunicación entre los esposos, con un reparto más equitativo de las cargas de trabajo familiar, las responsabilidades y tareas, indicando la imposibilidad –y añadiría incluso la no deseabilidad– de una permanencia indiscriminada de formas y modelos de convivencia del pasado.[4] Sin embargo, los cambios no siempre son unidireccionalmente positivos, también hay recaídas muy negativas, tanto para la vida afectiva como para la convivencia familiar que nos exigen un discernimiento sapiente y una capacidad de intervención y de apoyo interdisciplinario para responder a los nuevos desafíos que las mudables circunstancias sociales y culturales nos presentan.

Impacta de manera negativa a la familia el creciente individualismo que exaspera los vínculos familiares y termina por imponer la idea de que el sujeto se construye a sí mismo, según sus propios deseos, que son asumidos como imperativos absolutos a los que se pretende otorgar un estatus de "derechos del individuo". Esto se ve potenciado por la cultura del goce que instrumentaliza a las personas,

---

[4] Cfr. *Amoris Laetitia*, n. 32.

generando violencia y agresividad. Por otra parte, el modo como se organiza la vida laboral hace difícil la permanencia de los vínculos e incluso la celebración del matrimonio. Cada vez es más frecuente, por ejemplo, que los novios deban aplazar la celebración del matrimonio por estar distanciados en ciudades y continentes distintos o que, a pesar de estar casados, deban separarse por largos periodos, sin pensar en tener descendencia. Del otro lado, la pobreza y la violencia obliga a muchos a emigrar, con los mismos efectos devastadores para la convivencia familiar.

La cultura actual privilegia lo espontáneo y "auténtico", identificando con ello los movimientos afectivos. Casi obsesivamente se evitan los comportamientos pautados como algo inauténtico, por tanto, se dificultan los empeños permanentes. Si bien buscar la autenticidad y la espontaneidad es algo bueno, mal orientado puede dar lugar a la cultura de la sospecha permanente –la dietrología tan extendida hoy, que siempre lleva a pensar que hay dobles o triples intenciones tras una buena acción–, y evidentemente esto contamina las relaciones. Se busca la comodidad y se evita el compromiso. Muchos de nuestros contemporáneos son incapaces de mantener una disciplina personal para conseguir objetivos nobles, ya que al estar preocupados primordialmente por su comodidad evitan el compromiso y se favorece personalidades en estado de adolescencia permanente, incapaces de donarse generosamente. De ahí que disminuya, un poco en todas partes, el número de matrimonios, sean los celebrados sacramentalmente, pero aun los realizados sólo con la fórmula civil.[5]

A nivel familiar, la familia se convierte en una agencia de paso a la que se acude solamente cuando se tienen necesidad. Mucha gente decide por ello vivir sola, lejos de sus padres, hermanos y parientes, al menos en muchas sociedades desarrolladas. Se habla de "precariedad de los vínculos", los cuales resultan una cosa casual. Y a pesar del innato deseo de amor y de compromiso permanente que la experiencia del amor lleva inscrita –piénsese, por ejemplo, en los adolescentes que cuando viven sus primeras experiencias de

---

[5] Cfr. *Amoris Laetitia*, n. 40.

enamoramiento, lo viven con la fatiga de pensar que puede terminar y cumplen gestos como el de fijar un candado a una cadena y extraviar la llave– hoy se viva como meras "historias" unas más serias que otras, pero sólo eso, "historias afectivas".[6] "Se teme la soledad, se desea un espacio de protección y fidelidad, pero al mismo tiempo crece el temor a ser atrapado por una relación que pueda postergar el logro de las aspiraciones personales".[7]

A nivel afectivo sucede lo mismo que con los objetos y el ambiente, todo se vuelve desechable, cada uno usa y tira, gasta y rompe, aprovecha mientras sirve, después se tira. El narcisismo vuelve a las personas incapaces de mirar más allá de sí mismas, de sus necesidades, de sus propios deseos de satisfacción y placer.[8]

El modo actual de producir y la cultura del consumo ensalzan una efectividad sin límites, una afectividad narcisista, inestable y cambiante que no ayuda a las personas a alcanzar la madurez. La pornografía y la comercialización del cuerpo se difunde favorecida muchas veces por la fácil accesibilidad a internet.[9] Nos sorprendería conocer el modo como esta cultura abarca a los miembros más pequeños de nuestras familias y comunidades, a través de la música y los videoclips que desde muy temprana edad pueden descargar en sus celulares.[10]

Quisiera terminar este breve análisis recordando dos problemas más que desestabilizan a la sociedad y debilitan los vínculos sociales. La difusión del divorcio y de las convivencias intermitentes, y el

---

[6] *Ibid.*, n. 39: "Las consultas previas a los dos últimos sínodos sacaron a la luz diversos síntomas de la 'cultura de lo provisorio'. Me refie o, por ejemplo, a la velocidad con que las personas pasan de una relación afectiva a otra. Creen que el amor, como en las redes sociales, se puede conectar o desconectar a gusto del consumidor e incluso bloquear rápidamente".

[7] *Ibid.*, n. 34

[8] *Ibid.*, n. 39.

[9] Nos preocupan las redes de trata de niños, niñas, adolescentes, jóvenes y mujeres, pero es igualmente terrible comprobar la extensión del fenómeno de adolescentes y jóvenes, hombres y mujeres que ofrecen prestaciones sexuales a cambio de un pago y no siempre son personas empujadas a ello por la pobreza o las redes de trafica tes de seres humanos.

[10] Cfr. M. Brusati, *Il ruolo dei "Tablets" nell'educazione affettivo-sessuale*, Relazione tenuta il 30 novembre nell'ambito del convegno "The meeting point", promosso dal Dicastero Laici, Famiglia e Vita (*ad usum privatum*).

descenso de los índices demográficos. Contrariamente a lo que sostienen muchos teóricos de las finanzas, la disminución de la población tiene un efecto negativo sobre los sistemas económicos, provocando el empobrecimiento y la desigualdad.

El gran desafío de los estudios de género y las ideologías reductivas de la identidad sexual, en buena medida abrevan de esta nueva cultura y se difunden como uno de los subproductos más acabados de esta "nueva época". El análisis de este desafío es, sin duda, uno de los aportes más valiosos y urgentes de los institutos que se reconocen en la antropología cristiana. En efecto, su análisis convoca la interdisciplinariedad y neutralidad científica que debe caracterizar la investigación universitaria.

Cuanto he señalado hasta aquí plantea una cuestión que interroga fuertemente a muchos de nuestros hermanos en la fe e incluso a quienes no se reconocen cristianos, pero se identifican con la cultura judeocristiana que ha dado unidad de fines sociales a la mayor parte de los países occidentales. Me refiero a la cuestión que no sólo es pastoral, sino también académica e incluso en algunos aspectos política, sobre la presencia cristiana y la transmisión de la fe en esta nueva época. Particularmente en su potencial humanizador y civilizatorio. Me explico.

Todos nosotros estamos convencidos, por ejemplo, de que la identidad del ser humano, hombre y mujer, de la institución del matrimonio y de la familia, están inscritos en la ontología de la persona; corresponde al orden de la creación y, por lo tanto, más allá de la revelación histórica cristiana, es accesible a la recta razón. Tanto es verdad que a pesar de los sucesivos cambios culturales ocurridos hasta ahora, la familia siempre ha sido reconocida en su ADN fundamental, de unión estable entre un hombre y una mujer, socialmente reconocida para la transmisión de la vida y de su misión central en la sociedad, incluso en las sociedades anteriores al cristianismo o fuera de su influjo y la superación de la poligamia y de la androgamia, ha sido vista como un proceso civilizatorio. Sólo en los últimos tiempos los cambios antropológicos y culturales a los que me he referido han puesto entre dicho algunas certezas sobre las que existía un tácito acuerdo. Así surge la pregunta sobre el modo de colocarse frente a las nuevas tendencias culturales y sociales, que ejercen una enorme presión sobre los cristianos y sus instituciones.

La situación actual es parecida a la de los tres primeros siglos del cristianismo, cuando la comunidad cristiana, a pesar de ser una presencia vital y creciente, era una minoría en el imperio romano. Normalmente se pueden identificar tres posibles actitudes frente a un ambiente cultural distante u hostil a la vida cristiana. La de quienes se asimilan culturalmente a los modelos culturales prevalentes en el ambiente; la de quienes asumen posiciones crecientes de cerrazón frente al mundo, frente al cual se colocan defensivamente afirmando su identidad, y la de quienes prefieren una "fuga al desierto", pretendiendo construir sociedades paralelas. Los cristianos de los primeros siglos, sin embargo, no asumieron ninguna de estas tres actitudes y constituyen una lección para nosotros.

No se asimilaron, como algunos afirman diciendo que en realidad nuestra civilización sería más grecorromana que cristiana y, por tanto, se pretendería purificar la fe de esas "adherencias culturales". No se separaron, ni se encerraron en sí mismos, no asumieron la lógica de la secta, aunque siempre hayan existido en su interior grupos con esas tendencias. Tampoco han soñado con un mundo ajeno a las sociedades en las que vivían. Si bien el monaquismo se configuró como una "fuga al desierto", lejos de la *polis*, siempre vivió una importante relación con la polis, ya que estaba en frecuente contacto con los demás cristianos que "permanecían en el mundo", sirviéndoles de recordatorio de los objetivos virtuosos de la vida buena según el Evangelio. De esta manera se constituyeron en un parámetro de juicio para el resto de los cristianos que vivían en el espacio urbano.

Los cristianos más bien asumieron una cuarta característica: la de quienes permanecieron firmes y unidos en sus convicciones, ampliando los horizontes del intelecto humano, siendo fuertemente críticos, y dada su coherencia de comportamiento y a la fuerza veritativa de sus razonamientos, lograron influir culturalmente las sociedades en las que vivían, hasta llegar a poner en crisis la civilización precedente. Los cristianos han logrado en el curso de pocos siglos un cambio de los paradigmas culturales: visión del mundo, modelos de comportamiento, formas expresivas. Pasaron de ser considerados una mortífera superstición al reconocimiento de su plena plausibilidad religiosa y cultural, transformaron el imperio sin esperar a ser la mayoría, eso ocurrirá años más tarde.

Creo que la situación cultural contemporánea convoca a los cristianos a asumir nuevamente esta actitud, evitando caer en reivindicaciones identitarias y cerrazones estériles, en el aislamiento, o mucho menos en la asimilación cultural de quien vive acomplejado frente a su entorno social.

Las universidades e institutos que se reconocen en la antropología cristiana deben evitar caer en la tentación de "asegurar" su identidad cristiana mediante la repetición monótona de doctrinas y esquemas teóricos que fueron útiles en el pasado, pero que ya no lo son más en el tiempo actual, sin discernir, como el hombre sabio del Evangelio, qué es lo que se debe conservar y qué se debe renovar.[11] No se trata de transmitir solamente un bagaje de conocimientos, sino de enseñar a pensar correctamente y a confiar en la capacidad del intelecto humano de alcanzar la verdad, aunque sea parcialmente.

La otra gran tentación que se debe evitar es la de estar fuera de las corrientes contemporáneas de pensamiento, el complejo de no ser lo suficientemente modernos y actuales, de perder los financiamientos internacionales a la investigación por defender la verdad y no seguir los intereses dominantes, de ser descalificados en los debates sociales como representantes de un pensamiento "religioso" y partidista, cuando no fundamentalista que pretende imponerse al conjunto de sociedades que en América Latina luchan por modernizarse y desarrollarse.

Así, el aporte que los Institutos Universitarios de Familia, que se reconocen en la antropología cristiana, es ofrecer esta linfa vital a la sociedad en su conjunto, abrir y transformar los parámetros culturales y liberar a la inteligencia para no renunciar *a priori* a descubrir la verdad y la unidad del saber. Es continuar siendo un espacio de interacción entre el Evangelio y la cultura, y un apoyo a la misión evangelizadora de la Iglesia.

---

[11] Cfr. Mt. 13, 52.

El Centro de Estudios de Familia, Bioética y Sociedad, de la Universidad Pontificia de México, quiere asumir el reto de vivir una apertura crítica y misionera a todas las propuestas culturales contemporáneas, para redimir la razón y humanizar nuestras sociedades, particularmente la sociedad mexicana.

El título de Martinique Acha Alemán que ahora publicamos es un ejemplo de esta apertura crítica y misionera, que desea un diálogo abierto y sin prejuicios con las principales escuelas de género desde una perspectiva cristiana, fi l a la enseñanza autorizada del magisterio de la Iglesia católica, teniendo como principal exponente a Juan Pablo II, quien durante toda su vida tuvo la preocupación académica y pastoral del amor humano, y quien, como sumo pontífice de la Iglesia católica, desarrollara una serie de catequesis en las cuales se evidencian, de manera contemporánea, las principales certezas de la revelación cristiana acerca del sentido de la dualidad sexual características de las personas humanas y de su finalidad en la comunión de personas a partir del don sincero de sí mismo.

Con esta obra se inicia la labor de difusión de la actividad de investigación antropológica, metafísica, teológica y social de este centro, que desea asumir seriamente los interrogantes antropológicos y bioéticos que tienen una gran relevancia en el debate social de la humanidad en este cambio de época.

Agradecemos a la editorial NUN, que se caracteriza por ser una iniciativa de especialistas para especialistas, a fin de favorecer el diálogo académico y cultural, por incluir en su sello de *Dignitas Humana* los trabajos de nuestro centro de estudios.

Prof. Dr. José Guillermo Gutiérrez Fernández
Director del Centro de Estudios de Familia, Bioética y Sociedad
Universidad Pontificia de México

A mis padres, Emmanuel y Mercedes.
Ustedes son la imagen viva de aquella "unidad de los dos".

Introducción

En el prólogo a su *Ética de la diferencia sexual,* Luce Irigaray constató que si cada época tiene un tema que pensar –uno solamente– la diferencia sexual es el tema de nuestro tiempo. Treinta años después sus palabras resultan no sólo acertadas, sino proféticas. En efecto, hoy está en boca de todos el tema de la diferencia sexual. Está presente en nuestros discursos filosóficos, políticos, sociales y religiosos. Grupos opositores discuten su relevancia y significado en la experiencia humana y, en ocasiones, lo hacen incluso con violencia e intolerancia. Sin embargo –como ocurre frecuentemente con aquellos conceptos que provocan fuertes altercados en la historia del pensamiento– sobre la diferencia sexual hay poca refl xión antropológica que permita realmente alumbrar su comprensión en las diversas áreas del conocimiento humano. De modo intuitivo, miles de personas en el mundo perciben la trascendencia de la diferencia sexual en su historia concreta, y por la eficacia con que los medios de comunicación han puesto en boga este término, sabemos que *género* y *sexualidad* se relacionan, pero no comprendemos cómo ni por qué. Si preguntáramos al común denominador de quienes discuten apasionadamente sobre el tema, acompañados de un café o en un salón de clases, pocos podrían dar cuenta realmente de la noción de *género,* de su presencia en nuestros discursos antropológicos, de su profundidad en la configu ación de nuestra identidad y de su historia entre los complejos procesos del feminismo. Pero, ¿qué es realmente el género? ¿Qué es el sexo? ¿Qué lugar ocupa la diferencia sexual en la conformación de nuestra identidad? ¿Qué es lo *queer*? ¿Quién es la mujer? ¿Quién es el varón? ¿Cómo se conjugan la diferencia y la igualdad? Son éstas las preguntas que me han motivado a escribir el presente libro. Preguntas que me han acompañado desde hace muchos años, sin que me diera cuenta. La misma situación del lugar concreto que ocupo en la historia ha sido fuente inevitable de mis inquietudes: mujer en el siglo xxi, fil - sofa por vocación, joven de un mundo globalizado, profesora de adolescentes digitales, hija, hermana, esposa y madre. La experiencia de mi vida ha hecho de la diferencia sexual una pregunta ineludible, en la que ahora me he sumergido, descubriendo cuán vasta y seria es la tarea que aún tenemos por delante.

La diferencia sexual es el tema de nuestro tiempo, porque también lo es la persona. ¿Qué significa ser persona? ¿Cuál es el sentido de nuestra libertad? Responder a estas preguntas es tarea necesaria para la filosofía, si queremos profundizar realmente en nuestra condición sexuada, porque cualquier teoría de género que no esté construida sobre la base de una adecuada antropología dirá muy poco –y pobremente– sobre la verdad del ser humano. Puede parecer sorprendente, pero la diferencia sexual es un tema todavía virgen que se puede abordar desde diversas perspectivas. En realidad fue hasta el siglo xx –principalmente por obra del psicoanálisis y el feminismo– que comenzamos a preguntarnos sobre ella. Toda la antropología hasta aquel momento fue asexuada, pues durante siglos la filosofía buscó comprender al ser humano en su esencia, perdiendo con ello lo concreto de la diferencia sexual. El feminismo puso de manifies o que la escasa refl xión dedicada a la mujer en el mundo había contribuido a la degradación de su dignidad en el ámbito de la vida práctica. De esta forma comenzaron los estudios sobre el género y la diferencia sexual. El pensamiento sobre estas cuestiones ha tenido una evolución compleja y ha dado lugar a diversas teorías, cuyos presupuestos antropológicos y aplicaciones prácticas son, muchas veces, distintos y contradictorios entre sí. En la actualidad, la noción de género remite a múltiples discursos y despierta mucha controversia, política y social, con lo cual parece que la antropología aún tiene un largo camino por delante en lo referente al problema de nuestra condición sexuada.

La inquietud vital con la que he buscado comprender estos temas despertó en mí la necesidad de estudiarlos más seriamente. La intención de esta obra ha sido situarme ante el complejo panorama de los discursos contemporáneos sobre el género para realizar un diagnóstico de las teorías predominantes y vislumbrar otros horizontes desde los cuales sería posible abordar esta cuestión.

Hasta el momento he hallado pocos estudios antropológicos que den cuenta satisfactoriamente de nuestra condición sexuada, principalmente porque la mayoría de ellos considera la diferencia como sinónimo de subordinación. Así lo hizo el patriarcado, y así lo siguen haciendo los diversos modelos de igualdad predominantes en la actualidad. Una rama considerable de las teorías de género ha visto en la diferencia una huella imborrable de jerarquía y subordinación. La solución propuesta ha sido, lamentablemente, erradicar la diferencia en nombre de la igualdad y de la dignidad de la persona. Pero, ¿es ésta la única manera de explicar nuestra condición sexuada? Parece que no. Recientemente han surgido nuevos planteamientos antropológicos que permiten repensar la diferencia sexual en el marco ontológico de la persona, a fin de integrar la diferencia en la igualdad, promoviendo así un modelo corresponsable y complementario entre los sexos. Esta perspectiva sostiene que no tiene sentido saber quién es la mujer, si no sabemos quién es el varón ni descubrimos que ambos sexos se implican mutuamente. Ahora bien, para comprender esta propuesta era necesario dialogar con el pasado y el presente; introducirme en la historia de la noción de género, como ha evolucionado en la antropología; conocer bien al menos un par de figuras emblemáticas del tema, que hayan planteado el género desde otras perspectivas, y analizar de modo crítico los aciertos y límites de tan diversas propuestas. Evidentemente habría sido imposible alcanzar en tan pocas páginas una visión madura y de conjunto sobre el tema. Por eso, insisto en que se trata de un primer acercamiento, apenas un preludio de futuras investigaciones.

El libro está dividido en tres capítulos. En el primero se hace una revisión histórico-filosófic de la noción de género en la antropología. Para comprender su evolución es fundamental repasar los diversos modelos de la relación sexo/género que han surgido en la historia y los que están presentes en la actualidad. Con base en ellos están estructurados los cuatro apartados de este primer capítulo. Después de presentar brevemente el estado de la cuestión, desarrollo el patriarcado, puesto que este modelo ha sido el que mayor presencia ha tenido en la historia. También llamado modelo de subordinación, el patriarcado predominó desde las primeras culturas de la antigüedad hasta la época moderna. De ahí su importancia para comprender la reacción de inconformidad en quienes comenzaron a proclamar una igual dignidad entre los sexos a finale del siglo XVIII. El siguiente apartado de este capítulo consiste en rastrear los distintos movimientos a favor de la igualdad, que iniciaron con los primeros brotes del feminismo y evolucionaron rápidamente hacia el igualitarismo que promueven las actuales teorías de género. Finalmente ofrezco una breve revisión de los movimientos que han buscado reivindicar la diferencia, tanto en la teoría como en la práctica. Con esto es posible completar un primer mapa conceptual que permite comprender el complejo panorama de los discursos sobre género que coexisten en la actualidad.

Del inmenso abanico de autores que desde el siglo XIX han publicado al respecto, elegí a tres figu as representativas cuyos planteamientos podrían considerarse decisivos para el desarrollo de la noción de género, como es planteado en el primer capítulo. Margaret Mead, Simone de Beauvoir y Judith Butler abarcan todo el contenido del segundo capítulo. Habría sido imposible estudiar a fondo el pensamiento completo de cada una de ellas, pues se trata de tres autoras prolíficas y complejas, tanto en ideas como en obras –particularmente las últimas dos–. Por ello me centré sólo en algunas obras y en determinados artículos, a partir de los cuales desarrollé una síntesis de sus planteamientos en torno al género y a la diferencia sexual. De Margaret Mead presento las conclusiones más relevantes de su aclamada obra *Sexo y temperamento en tres sociedades primitivas,* como ella misma las expone en la introducción y el final de su trabajo. En seguida planteo algunas de las objeciones que recibió en vida, pero sobre todo analizo la evolución que tuvo su pensamiento hacia *Masculino y femenino,* segunda de sus obras clave en el tema que nos ocupa. Es cierto que el trabajo de Margaret Mead proviene de la antropología cultural más que de la filosofía, sin embargo, es considerada precursora en el uso de la noción de género, ampliamente utilizada por los estudios feministas posteriores. Su trabajo en *Sexo y temperamento* introdujo, en 1935, la idea revolucionaria de que los rasgos de la personalidad que llamamos masculinos y femeninos son, en realidad, fruto del condicionamiento cultural. En este sentido, su trabajo antropológico fue el cimiento de una postura que, desde otro punto de vista, cobra mayor relieve en Simone de Beauvoir y se radicaliza en Judith Butler.

El segundo apartado de este capítulo se centra en el análisis de un texto fundamental para comprender la evolución del feminismo en el siglo XX. En *El segundo sexo,* de Simone de Beauvoir, se considera la situación existencial de la mujer, quien durante siglos fue condenada a la otredad. Para comprender las ideas fundamentales de esta obra capital, realizo un breve repaso de sus presupuestos existencialistas y fenomenológicos. Sin duda, el gran mérito de Beauvoir consistió en haber situado el problema de la mujer desde su carácter humano, pero tampoco su obra esta exenta de paradojas. La principal de ellas es el hecho de que los postulados existencialistas sobre los que construye todo su planteamiento le impiden determinar quién es la mujer –objetivo primordial de su trabajo–. Beauvoir nunca reconoció una aportación original y propia de la mujer, en cambio promovió la masculinidad como paradigma de lo humano. A considerar los aciertos y límites de su propuesta, dedico una parte importante de este capítulo. Finalmente, en el último apartado he dirigido la atención hacia uno de los libros más influ entes del siglo XXI. *El género en disputa* de Judith Butler sentó las bases para la fundamentación de la teoría *queer*, y con ello revolucionó para siempre la historia del feminismo. Lo que esta obra ha puesto en duda es, fundamentalmente, la identidad del sujeto y la explicación del género como realización cultural de un sexo biológico recibido. Desde luego, en nuestros días, un estudio serio de antropología no puede evitar dialogar con esta propuesta, que ha puesto en crisis el concepto de sexualidad como naturaleza recibida y supone una identidad sin esencia, cuyos límites pueden ser construidos y deconstruidos libremente por el individuo. De hecho, toda la discusión actual sobre el género y la diferencia sexual sigue siendo, de algún modo, un diálogo con Butler. Por ello, este apartado pretende comprender las ideas clave de *El género en disputa*, así como las principales líneas de discusión que se han generado a partir de su planteamiento.

Después de realizar una crítica personal a los aciertos y límites de las propuestas de Mead, Beauvoir y Butler, en el tercer capítulo exploro nuevas perspectivas antropológicas que plantean la condición sexuada en el marco ontológico de la persona. A partir de las mismas parece se abre la posibilidad de pensar nuestra sexualidad sin perder ni la diferencia ni la igualdad. Para ello, es necesario superar los esquemas patriarcales, pero también los igualitaristas, a fin de dar paso a una visión corresponsable y complementaria entre los sexos. Esto supone que la diferencia sexual sea integrada en la refl xión sobre la persona, lo cual nos remite, en última instancia, a la ontología. Por ello, para analizar esta propuesta me he centrado sobre todo en comprender quién es la persona, según la línea que desarrolló el humanismo del siglo XX, y finalme te presento un breve apartado con los planteamientos sobre la condición sexuada que algunos autores recientemente han desarrollado a partir de dicha antropología. Como conclusión, expongo las ideas principales que he podido extraer de los estudios, análisis y diálogos que conformaron y dieron cuerpo a esta obra. Al término de esta exposición sostengo que la antropología tiene aún mucho que profundizar en las nociones de persona, libertad y dignidad, si quiere realmente conocer el problema de nuestra condición sexuada.

Agradezco profundamente el apoyo de Luis Guerrero Martínez y Blanca Castilla de Cortázar, sin cuya orientación y paciente escucha no habría podido realizar este trabajo. A los abuelos de Maricruz, que apoyaron incondicionalmente a una madre joven que jugó de malabarista entre su familia y la filosofía. A mis padres, la fuente primordial de mi inspiración, sin cuyo apoyo este libro no habría sido más que un sueño. Y a Carlos, el financie o que me ha mostrado la riqueza de esta diferencia más que toda la academia y que todos los libros. Este libro es también de todos ellos, de las conversaciones que hemos compartido y de todo lo que me han enseñado, de su apoyo interminable, y de la gran motivación con la que me impulsaron a perseverar en aquellos momentos en los que la fuerza de la vida parecía ser más fuerte que la tendencia del estudio.

1. Inclusión de la noción de género en la antropología

1.1. Estado de la cuestión

Hablar de género hoy es entrar en un terreno de significados difuminados y teorías diversas. Intuimos su importancia en nuestra vida cotidiana, pero casi nunca podemos darnos cuenta de ello satisfactoriamente. Desde luego, sabemos que género y sexualidad van de la mano, pero no entendemos muy bien cómo ni por qué se relacionan. A pesar de esto, la categoría género resuena con fuerza en los discursos políticos, psicológicos, sociales, antropológicos y legales. En las últimas décadas se ha integrado en los documentos oficia les de las Naciones Unidas y ya es parte imprescindible de las agendas políticas y planes educativos en diversos países.[1] Es bien sabido que el término "género" no es una invención contemporánea. En realidad se trata de una expresión polisémica que tiene varios usos. El más común se refie e a la lingüística, en la cual se aprecian tres géneros: masculino, femenino y neutro. En la filosofía de Platón y de Aristóteles existía el concepto de "géneros supremos" para designar las categorías supremas del pensamiento. Aristóteles, por ejemplo, designa de este modo a sustancia y accidentes. Con otro significado alude también al conjunto de seres que tienen en común

---

1 Cfr. Gabriele Kuby, "Las Naciones Unidas globalizan la revolución sexual", en *La revolución sexual global*, Madrid, Didaskalos, 2017, pp. 103-121.

propiedades esenciales, de ahí que la definición de un ente deba contener el género más la diferencia específica, como es el caso del ser humano, de quien decimos que es un animal racional. El término "género" también se utiliza en las distintas artes para clasificar las obras según sus características formales y también para precisar la diferencia biológica de los sexos: macho y hembra.

Fue a partir de los años sesenta del siglo pasado cuando el término "género" comenzó a ser utilizado en la antropología para designar lo que el sexo tiene de realización cultural en la identidad de la persona. Al hacerse evidente la situación diferencial entre mujer y hombre, el género resultó una palabra muy adecuada para discernir entre los aspectos biológicos y los factores culturales que influ en en los roles femeninos y masculinos. Esta distinción era necesaria para dar cuenta de la realidad integral del ser humano, que supera la biología. Sólo así era posible constatar que en el desarrollo de la identidad sexual tienen mucha influencia también la cultura, la educación y la libertad de la persona. Desde esta perspectiva, el sexo y el género serían dos dimensiones complementarias que influ en en una misma realidad: la identidad sexual del ser humano. El sexo es el aspecto biológico que refie e al dato empírico, es decir, a "lo dado" de la dualidad biológica varón/mujer. Género es "lo construido", lo que refie e a la realización cultural, psicológica y social de dicha realidad recibida. Consideradas de este modo, ambas dimensiones no se presentan como antagónicas, sino como complementarias, constituyendo dos aspectos de un desarrollo equilibrado de la persona. Para Ángela Aparisi, Martha Miranda y Blanca Castilla, "lo anteriormente señalado configu aría [...] la estructura básica de una visión realista del género, porque refleja la realidad antropológica y vital del ser humano, que no es sólo biología, ni sólo cultura, sino una compleja integración de múltiples factores".[2] Sin embargo, como apunté en la introducción, en la actualidad el término "género" remite a varios discursos. No existe una sola teoría de género, sino varias. Cada una con fundamentos filosóficos y aplicaciones prácticas distintas que en

---

[2] Ángela Aparisi y otros, *Los discursos sobre el género: algunas influencias en el ordenamiento jurídico español*, Valencia, Tirant Humanidades, 2016, p. 14.

ocasiones son contradictorias entre sí. El panorama intelectual que contemplamos ahora es muy complejo, en donde no faltan prejuicios e interpretaciones equivocadas, influidas por ideologías que originan implicaciones legales muy dispares. Marcuello y Elósegui afi man que, "desde un análisis científi o, se observa que muchas argumentaciones carecen de rigor, ya que se confunden continuamente los planos biológicos y culturales".[3] Por eso es necesario repasar, al menos brevemente, los diversos modelos de las relaciones entre sexo y género que coexisten en la actualidad. Estos esquemas fueron propuestos por la antropóloga estadounidense Gayle Rubin en 1975,[4] con el fin de sistematizar la enorme cantidad de datos que las diversas ciencias habían recopilado sobre la diferencia sexual, desde el punto de vista de la biología, la medicina, la sociología, la antropología y la psicología. Así, todos los datos recibidos por las ciencias experimentales entraron en la noción de sexo, mientras que lo recibido por las ciencias humanas se agrupó en la de género. Esta distinción es útil como una herramienta de análisis cultural y social, en tanto permite exponer esquemáticamente los diversos modelos de la relación entre sexo y género, y estudiarlos desde su historia y su aproximación filosófic

En las últimas décadas del siglo XX predominaron en el mundo anglosajón los denominados *women´s studies*, enfocados en desarrollar programas de equidad para superar la situación de desigualdad que sufría la mujer. Dichos estudios contribuyeron, sin duda alguna, al avance de la igualdad entre varón y mujer en lo relacionado con los derechos humanos y la esfera profesional. Sin embargo, estos estudios presentan un prejuicio fundamental que no ha sido del todo resuelto: el de identificar la diferencia con la subordinación. Aparisi, Castilla y Miranda señalan que subordinación y diferencia "se han considerado inexorablemente unidas, entendiéndose que al admitir que las mujeres son distintas de los varones, se acepta su inferio-

---

3   María Elósegui y Ana Carmen Marcuello, "Sexo, género, orientación sexual, identidad sexual y sus patologías", en *Diez temas de género. Hombre y mujer ante los derechos productivos y reproductivos*, Madrid, EUNSA, 2002, p. 43.

4   Cfr. Gayle Rubin, "The Traffi in Women: Notes on the Political Economy of Sex", en Rayna Reiter (ed.), *Toward an Anthropology of Women*, Nueva York, Monthly Review Press, 1975.

ridad y consiguiente subordinación. En consecuencia, arrastradas por ese lastre teórico, las políticas de igualdad han sido frecuentemente igualitaristas".[5] De manera progresiva, estos estudios entraron en confli to con quienes sostenían una diferencia natural entre varón y mujer –postura que fue considerada esencialista y determinista–.[6] Eventualmente, los *women's studies* devinieron en *gender studies*, en los cuales prevalece un modelo igualitarista conocido, en su versión más radical, como teoría *queer*. Ante la falta de un sólido fundamento antropológico que permita engarzar la diferencia con la igualdad, este posfeminismo de género ha decidido, lamentablemente, erradicar la diferencia, ignorado cualquier referencia a la corporalidad del ser humano y negando la influencia del sexo biológico en la conformación de la identidad sexual de la persona. Las razones que han motivado esta evolución son complejas:

> En cierta medida, responden a la idea de que, siendo la biología una constatación empírica de la diferencia, e identificánd - se, como ya se ha indicado, la diferencia con la inferioridad y la subordinación, se pretende avanzar en la igualdad de género por la vía de ignorar la dualidad genética varón-mujer. Incluso se defiende un supuesto "derecho" a superarla, gracias a los avances de la tecnología biomédica, de tal modo que dicha diferencia nunca sea un límite a la libertad individual en la configu ación de la propia identidad.[7]

Es evidente que para el posfeminismo de género la clave está en la libertad. Una libertad que es autónoma y absoluta, independiente de cualquier dato previo, lo cual explica que las categorías de sexo y género aparezcan enteramente disociadas: mientras que la primera responde a lo biológico, la segunda proviene de la cultura,

---

[5] Aparisi y otros, *Los discursos sobre el género…*, pp.15-16.

[6] Como explica Jaime Nubiola, en las últimas décadas del feminismo vertebrado en torno a los *Women's Studies,* se puso en boga la acusación de *esencialismo* "para desautorizar las posiciones opuestas a la tradición dominante en su seno. En cierto modo, *esencialista* se ha convertido en un insulto descalificador del adversario, como puede serlo el epíteto *fundamentalista* en las sociedades democráticas. Jaime Nubiola, "Esencialismo, diferencia sexual y lenguaje", en *Humanitas* XXIII, 2000, p. 156.

[7] Aparisi y otros, *op. cit,* p. 17.

es decir, de la libertad. Como describiré más adelante, esta distinción entre sexo y género se sitúa en la clásica confrontación entre naturaleza y cultura –por la cual, desde la modernidad la balanza se ha inclinado en beneficio de la cultura, eliminando así cualquier referencia a la naturaleza en el discurso antropológico–. No resulta extraño, entonces, que el género sea ahora exaltado como una posibilidad de afi mar la libertad y la autonomía individual. Ya mencioné que en la actualidad la posición más radical es planteada por la denominada teoría *queer*, cuya principal exponente es la filósofa estadunidense Judith Butler.[8] Esta línea de interpretación busca anular cualquier presupuesto objetivo en la identidad sexual. Sostiene que no sólo el sexo biológico es irrelevante, sino también el género, de manera que la identidad sexual de la persona puede de-construirse y reconstruirse libremente, al gusto de la autonomía individual. Ahora bien, esta vía radical de pensamiento busca acaparar cualquier interpretación del término género en el discurso antropológico, social y político, razón por la que resulta urgente una renovada refl xión antropológica, capaz de mostrar que no es éste el único modelo viable para comprender la relación sexo/género. Esta tarea, sin embargo, no es sencilla, pues todavía resulta muy difícil explicar con exactitud en qué consiste la diferencia sexual, tomando en cuenta que hasta ahora no hemos reconocido una diferencia vinculada con la igualdad. A este respecto, es ilustrativa la forma en la que Blanca Castilla describe este panorama:

> Cuando los hombres han pensado a las mujeres, o bien las han sublimado, poniéndolas más arriba, o las han subordinado, poniéndolas más abajo. Otras veces las han puesto detrás o quizá delante, pero nunca al lado. Y cuando las mujeres han querido afi mar su propia identidad, las alternativas ensayadas han sido: 1) imitar al varón: ésta es la propuesta de Simone de Beauvoir,

---

[8] Cfr. Judith Butler, *El género en disputa: el feminismo y la subversión de la identidad*, Buenos Aires, Paidós, 2007. Otras exponentes principales de la denominada teoría *queer* son Jane Flax y Donna Haraway. Cfr. Donna Haraway, *Simians, Cyborgs and Women: The Reinvention of Nature*, Nueva York, Routledge, 1991, y Jane Flax, *Thinking Fragments, Psychoanalysis, Feminism and Postmodernism in the Contemporary West*, Los Ángeles, University of California Press, 1990.

2) competir con él y suplantarlo: feminismos cercanos a la dialéctica marxista, o 3) trivializar o anular la diferencia, como en el caso de los post-feminismos de género.[9]

En el estudio citado, Elósegui y Marcuello distinguen tres modelos principales de sexo/género: el modelo patriarcal, el modelo igualitarista y el modelo de la corresponsabilidad.[10] Sin embargo, las cosas no son tan sencillas ni esquemáticas. No todos los movimientos a favor de la igualdad han sido igualitaristas ni todos los movimientos que han intentado rescatar la diferencia han propuesto la complementariedad. Además de los tres modelos que destacan Elósegui y Marcuello, es posible señalar el primer feminismo de la igualdad y el feminismo de la diferencia. Estos movimientos no pueden reducirse a los tres modelos principales, y son necesarios para dibujar una imagen completa de la diversidad de teorías que coexisten actualmente. En las próximas páginas haremos un breve repaso de estos cinco modelos, con el fin de mostrar su recorrido histórico y el trasfondo filosófico que les sostiene.

1.2. Patriarcado: modelo de la identidad sexo/género

Este primer modelo se caracteriza por la desigualdad entre el varón y la mujer, por eso también se le puede llamar *modelo de la subordinación*. Culturalmente se ha desarrollado como el modelo patriarcal y, sin duda, es el que mayor presencia ha tenido en las relaciones entre varón y mujer a lo largo de la historia: predominó desde la antigüedad hasta la modernidad.[11] A grandes rasgos, este modelo iden-

---

[9] Blanca Castilla, "Presupuestos antropológicos del modelo de género de la igualdad en la diferencia", en Ángela Aparisi y Blanca Castilla, *Estudios sobre género y derecho. Una aproximación interdisciplinar*, Madrid, Thomson-Aranzadi, 2016, p. 2.

[10] Cfr. María Elósegui y Ana Carmen Marcuello, "Sexo, género, orientación sexual, identidad sexual y sus patologías", en *Diez temas de género. Hombre y mujer ante los derechos productivos y reproductivos*, Madrid, EUNSA, 2002.

[11] Para conservar la claridad en la línea argumentativa de mi trabajo, he decidido no añadir un apartado especialmente dedicado a las diversas teorías sobre el matriarcado como fuente

tifica lo biológico con su expresión social y cultural. Esto quiere decir que el sexo biológico determina el género, esto es, que los roles y las funciones que la persona desarrolla en sociedad:

> El primer modelo [...] es el que afi maba que a cada sexo le correspondía por necesidades biológicas unas funciones sociales, invariables a lo largo de la historia. A esto se añadía la justificación biológica y cultural de la subordinación de la mujer al hombre. Resumiendo con otras palabras: primero, la biología determinaría los roles sociales, y segundo, a cada sexo le corresponde un rol intransferible.[12]

Es posible encontrar los orígenes de este modelo en las primeras culturas de la antigüedad, en las que el varón ejercía el papel predominante y de dominio en la familia. En estas sociedades la mujer estaba dominada por el varón y toda la estructura social respondía a una determinada cosmovisión androcéntrica. Según Steven Goldberg, se entiende por patriarcado "toda organización política, económica, religiosa o social, que relaciona la idea de autoridad y liderazgo principalmente con el varón, y en la que el varón desempeña la gran mayoría de los puestos de autoridad y dirección".[13] Esta división sexual del trabajo probablemente respondía a las obligaciones que la maternidad confie e a las mujeres, además de la intensa dedicación que se necesitaba en los trabajos domésticos. El

---

principal del orden social. Uno de los estudiosos más importantes sobre el tema es el de Jakob Bachofen (1815-1887), antropólogo suizo que dedicó gran parte de su investigación al rol de la maternidad en la conformación cultural. En su principal obra, *El matriarcado*, propone que la maternidad fue el principio que inspiró tanto la sociedad como la religión y la moral de las antiguas civilizaciones de Asia Central y Europa. A partir de entonces convirtió en un importante precursor de las teorías sobre el matriarcado que se desarrollaron a lo largo del siglo XX, como la de Marija Gimbutas. Aunque su pensamiento ofrece una perspectiva interesante, la principal crítica que se le ha hecho es que el matriarcado, como tal, no se ha visto reflejado en las leyes de ninguna cultura. Ha sido siempre algo más vivencial (podemos pensar, por ejemplo, en el culto a la madre mexicana que analiza Octavio Paz en el *Laberinto de la soledad*), pero que no se ha visto realizado de hecho en la cultura ni jurídicamente. Tanto la filosofía como el derecho han sido, primordialmente, patriarcales. Por esta razón, mi trabajo está enfocado en los diversos modelos sexo-género que han surgido como respuesta al patriarcado. Para profundizar, véase Jakob Bachofen, *El matriarcado*, Madrid, Akal, 2008.

[12] Elósegui y Marcuello, *Diez temas de género...*, p. 45.

[13] Steven Goldberg, *La inevitabilidad del patriarcado*, Madrid, Alianza, 1976, p. 31.

cuidado de la madre hacia sus hijos pequeños representaba para ella una limitación en su movilidad. En consecuencia, al varón le fueron asignadas las tareas más peligrosas y exigentes físicamente. Como se dio gran importancia a estas labores –porque de éstas dependía la supervivencia del grupo– la sociedad se fue dividiendo en dos espacios: el público y el privado. La actividad de la mujer se limitó, invariablemente, al espacio privado: la crianza de los hijos y las labores domésticas, en tanto el varón se ocupó de las actividades públicas, como la política, la guerra, la cultura y la economía:

> Puede decirse que las culturas de la antigüedad coincidieron con el confinamie to de la mujer a la esfera del hogar; el reconocimiento al varón de la autoridad y el poder sobre la mujer; la menor valoración de las mujeres con respecto a los varones; la preferencia por educar más a los niños que a las niñas; y la exclusión de las mujeres de las actividades consideradas importantes, como la guerra, la filosofía o el estudio de los libros sagrados. De esta manera se forman los estereotipos clásicos, en los que el espacio social se asigna, directamente, por el hecho de ser varón o mujer, atribuyendo a la naturaleza la causa del desempeño de unos roles determinados dentro de la sociedad.[14]

En el contexto teórico, la influencia de Aristóteles (384-322 a.C.) reforzó de modo paradigmático el modelo patriarcal en todas las culturas que heredaron sus categorías de pensamiento. Es conocido el modo en que trata la relación varón-mujer en su *Política*, en donde afi ma: "Puesto que el varón es superior y la mujer es inferior *por naturaleza*, el varón es el que gobierna y la hembra es el súbdito".[15] Aristóteles constata una desigualdad permanente entre el varón y la mujer, puesto que la relación de inferioridad femenina es vista por él como algo que ha existido siempre. En el pensamiento feminista no es infrecuente encontrarse con una fuerte descalificación de la filosofía aristotélica, pues se le atribuye la idea de que las mujeres sufren una defectuosidad natural.[16] Podríamos decir que su contexto

---

[14] Aparisi y otros, *Los discursos sobre el género…*, pp. 30-31.
[15] Aristóteles, *Política*, 1254b. Las cursivas son de la autora.
[16] Aunque no aparece en su *Política,* sino en el tratado sobre la generación de los animales,

histórico justifica este modo de pensar, pues responde a la ciencia de su tiempo, que desconocía fenómenos básicos como la fecundación (descubierta hasta finales del siglo xix).

En su extenso tratado sobre la generación de los animales,[17] Aristóteles hace un análisis interesante de la diferencia sexual, en el que afi ma que la contribución del macho en la generación son la forma y la causa eficie te, mientras que la mujer contribuye con la materia (Aristóteles 729a 9-11). Para muchos, esto reafi maba la debilidad de la naturaleza femenina, pues aunque varón y mujer contribuyen en la constitución hilemórfica, la mujer lo hace con el elemento pasivo. Desde entonces, la feminidad empezó a entenderse como sinónimo de pasividad, lo cual justifica ía la inferioridad de la mujer a partir de datos biológicos y científi os. Aparisi, Castilla y Miranda explican que según el pensamiento común de aquella época, "sólo el varón engendraba; él tenía la semilla completa del nuevo ser, que la mujer simplemente recibía para que se desarrollara en ella. [...] En definiti a, en esa actividad y pasividad consistía la auténtica diferencia entre los dos sexos a la hora de transmitir vida".[18] La refl xión aristotélica tiene una gran influencia en el desarrollo del pensamiento occidental hasta nuestros días. Aun cuando la biología avanzó en técnica y comprensión, durante mucho tiempo siguió explicando la diferenciación sexual femenina *por defecto*, pues se creía que una mujer aparecía por ausencia de los factores que normalmente daban lugar al desarrollo de un feto varón:

> ¿Quiere decir esto que la diferenciación de las glándulas femeninas no está determinada genéticamente? Durante bastante tiempo se pensó que era así; que la diferenciación del cigoto hacia el tipo femenino era la forma espontánea, mientras que el desarrollo masculino vendría a ser como una corrección de éste, debida a las instrucciones escritas en los genes del cromosoma Y.[19]

---

el pasaje más controversial de Aristóteles es en el que afi ma que el hecho de que nazcan hembras en lugar de machos es una "monstruosidad accidentalmente necesaria". Aristóteles, *De generatione animalium*, 767b.

[17] Cfr. Aristóteles, *De generatione animalium*, Madrid, Gredos, 1994.

[18] Aparisi y otros, *op. cit*, p. 39.

[19] Elósegui y Marcuello, *Diez temas de género…*, p. 46. Datos recientes permiten saber que la

A lo largo de su desarrollo histórico y cultural, el modelo patriarcal fue menos rígido durante la Edad Media, después de la novedad con que el cristianismo predicó la igualdad entre hombres y mujeres, y exaltó la dignidad de la mujer. En lo que se refie e a la separación del ámbito público y privado, por ejemplo, la mujer gozó de una gran independencia, pues era dueña de sus posesiones. Tenía además capacidad jurídica para celebrar contratos y participar en el comercio. Desde luego, no podemos olvidar el papel imprescindible que jugaron tantas abadesas, reinas y mujeres de la nobleza en el gobierno de sus pueblos, con la especial característica de que no se sentían limitadas por su feminidad. Por el contrario, lejos de verse obligadas a imitar modelos masculinos, actuaban plenamente como mujeres al ejercer esos puestos de poder.[20]

El paso a la modernidad en el Renacimiento implicó, sin embargo, cierto retroceso en los avances hacia la igualdad originados en los siglos XI, XII y XIII. Es sabido que este periodo se caracteriza por un resurgimiento de la cultura grecorromana, en el cual salieron a la luz nuevamente las obras de Platón y Aristóteles sobre la mujer. Con la influencia de éstas y muchas otras obras antiguas, el modelo de subordinación tuvo un segundo auge, que se fue consagrando de los siglos XIV hasta el XIX, perpetuando las ideas tradicionales del dominio masculino. Con la reinstauración del derecho romano en el siglo XIV, la mujer perdió algunos de los derechos ganados en la Edad Media.[21] De esta forma, la situación

---

diferenciación femenina no es por defecto, sino que existe una vía embriogenética para el desarrollo del embrión, perfectamente diferenciada del desarrollo normal del embrión masculino.

[20] Para un estudio más profundo del rol de la mujer en el cristianismo y la Edad Media, Cfr. Régine Pernoud, *La mujer en el tiempo de las catedrales*, Barcelona, Andrés Bello, 1999.

[21] Es ilustrativo recordar que los romanos reconocían el origen de la sociedad en la unión del varón y la mujer, razón por la cual dieron al matrimonio un carácter jurídico e institucional. Junto con el matrimonio, varón y mujer asumían un estatus social, el de *paterfamilias* y *materfamilias*. La mujer era considerada según su capacidad maternal y no tenía patria potestad. En cambio, el *paterfamilias* ejercía el dominio sobre la persona de su esposa e hijos, y sobre los bienes de la familia. Esta circunstancia impedía a las mujeres disponer libremente de sus bienes. Como explica Thomas Yan, aunque una mujer romana era *civis romana* y daba nacimiento a un *civis romanus*, estaba esencialmente privada, tanto en la política como en las relaciones intersubjetivas, "de asegurar un servicio que trasciende la estrecha esfera de

de la mujer se fue gradualmente agostando hasta llegar a una asfixia total en el siglo XIX –asfixia que constató y criticó fríamente Simone de Beauvoir en su *Segundo sexo*–. El individualismo del siglo XVIII desempeñó aquí un papel importante, pues hizo de lo masculino el prototipo de lo humano, en tanto para el pensamiento ilustrado no todos los seres humanos disfrutaban de los derechos otorgados a los ciudadanos, sólo quienes eran libres y autosuficie tes en lo económico:

> La filosofía individualista ilustrada fue la expresión de unos intereses sociales, políticos y económicos muy concretos, los de la burguesía como clase social ascendente a lo largo de la Edad Media. [...] Este individualismo identificaba al sujeto abstracto, inexistente, con una determinada categoría de seres humanos existentes: el varón, blanco, adulto, propietario o, al menos, profesional y ciudadano.[22]

En consecuencia, hacia finales del siglo XIX, las mujeres fueron excluidas casi por completo de la esfera pública y confinadas a la doméstica, mientras que el varón realizaba todas las actividades económicas, científicas y políticas al servicio del Estado. Por supuesto, sólo los trabajos públicos eran reconocidos y remunerados, por el esfuerzo y la preparación profesional que requieren. No era así con las labores domésticas, y en este sentido la mujer se volvió enteramente dependiente del varón. Podemos afi mar que la dependencia de la mujer con respecto al varón estaba unida a otros dos presupuestos: "Exaltación de las diferencias, negando la igualdad y la identidad entre sexo biológico, y las funciones sociales, hoy denominadas funciones de género".[23] Todo esto presupone una visión negativa de la feminidad, que desde Aristóteles se caracterizó como pasividad. Para el modelo patriarcal, el paradigma de lo humano es lo masculino, y la mujer, por ser naturalmente inferior, nunca podrá alcanzar la

---

sus intereses propios; lo que desubjetiviza su acción para conferirle el sentido abstracto de una función". Thomas Yan, "La división de los sexos en el derecho romano", en George Duby y Michelle Perrot, *Historia de las mujeres en Occidente,* Madrid, Taurus, 1991, p. 171.

[22] Aparisi y otros, *op. cit.,* p. 58.

[23] Elósegui y Marcuello, *op. cit.,* p. 48.

perfección de lo humano. La biología es, en última instancia, la justificación para asignar roles definidos dentro de la sociedad a hombres y mujeres.

1.3. En busca de la igualdad: del primer feminismo al igualitarismo

Este segundo modelo es más difícil de caracterizar porque ha tenido una evolución compleja y acelerada, especialmente a partir del siglo pasado. Comenzó con los primeros brotes de feminismo, a finales del siglo XVIII, hasta llegar a las posiciones más radicales de la actualidad, encabezadas por el posfeminismo de género. Es interesante observar la reacción que surgió ante el modelo igualitarista con el feminismo de la diferencia, y constatar que todas estas visiones coexisten hoy en día. Más importante aún es la claridad con que todos estos movimientos ponen de manifies o que nuestros sistemas filos - fi os difícilmente permiten dar cuenta de la igualdad y la diferencia en un mismo plano ontológico. A pesar de sus múltiples variantes, el modelo igualitarista reclama que la diferencia sea sinónimo de subordinación. En este sentido, vislumbra el problema de un modo acertado y se plantea las preguntas correctas, pero no logra resolverlo satisfactoriamente.

Haciendo un poco de historia, podemos afi mar que la Revolución francesa fue la pieza clave para el surgimiento del modelo igualitarista. En un contexto en el que se proclamaba "libertad, igualdad y fraternidad" para todos los hombres, la Declaración de los derechos del hombre y del ciudadano[24] excluyó a las mujeres de la titularidad y de los beneficios de dichos derechos. Si tomamos en cuenta que el criterio para ser un sujeto de derechos era el individualismo ilustrado, resulta evidente que la mujer, los no blancos, los trabajadores manuales y los no propietarios no cumplían con los requisitos para ser ciudadanos. En realidad, esa proclamada "libertad, igualdad y

---

[24] Cfr. Georg Jellinek, *La declaración de los derechos del hombre y del ciudadano*, México, UNAM, 2000.

fraternidad" aplicaba sólo para los varones adultos blancos, propietarios y con una profesión o trabajo remunerado. Esto despertó inconformismo en algunos intelectuales, quienes comenzaron a abogar por los derechos de la mujer, defendiendo la igualdad natural entre los sexos. De acuerdo con Encarnación Fernández:

> No faltaron algunas voces, aunque ciertamente muy aisladas, para denunciar [la exclusión de la mujer]. Son los llamados precursores de los derechos de las mujeres, entre los que destacan Condorcet y Olimipia de Gouges en el marco del movimiento revolucionario francés y, fuera del ámbito francés, aunque muy vinculada a los círculos liberales británicos y a los principios de la Revolución francesa, Mary Wollstonecraft.[25]

En efecto, Condorcet (1743-1794) y Olimpia de Gouges (1748-1793) defendieron la igualdad de los sexos como una condición natural e indudable. Excluir a las mujeres del ejercicio de los derechos políticos violentaría dicho principio de igualdad de un modo radical. De Gouges abogó incluso por un sufragio universal, que permitiera a todas las mujeres tener participación política. De ahí que ambos se hayan preocupado por rebatir con claridad los argumentos sobre su supuesta inferioridad intelectual.[26] Por su parte, Mary Wollstonecraft aportó una relevante refl xión sobre la educación de las mujeres. Sostenía que la educación debería depender de nuestra condición de seres humanos, no de la diferencia de los sexos. La igualdad entre varón y mujer se alcanzaría, según ella, el día en que una única educación fuera impartida para todos.[27] Así como Condorcet, De Gouges y Wollstonecraft, quienes se promulgaron a favor de la igualdad de derechos entre varón y mujer desde finales del siglo XVIII y principios del XIX, lo hicieron de forma aislada, sin unirse a ningún grupo o movimiento político. Por eso a estos autores se les considera únicamente

---

[25] Encarnación Fernández, *Igualdad y derechos humanos*, Madrid, Tecnos, 2003, pp. 31-32.

[26] Cfr. Jean-Antoine Condorcet, *Bosquejo de un cuadro histórico de los progresos del espíritu humano*, Madrid, Centro de Estudios Políticos y Constitucionales, 2004, y Olimpia e Gouges, "Declaración de los derechos de la mujer y de la ciudadanía", en Alicia Puleo (ed.), *Condorcet, De Gouges, De Lambert y otros. La Ilustración olvidada, la polémica de los sexos en el siglo XVIII*, Madrid, Anthropos, 1993.

[27] Cfr. Mary Wollstonecraft, *Vindicación de los derechos de la mujer*, Madrid, Istmo, 2005.

precursores de los primeros movimientos políticos por los derechos de la mujer, que surgieron en el siglo XIX. Estos movimientos nacieron como respuesta a la condición de subordinación y discriminación en la que se hallaba la mujer. De manera especial, replantearon los principios que mantenían separados al varón y a la mujer en las esferas pública y privada, y buscaron reivindicar la capacidad de autodeterminación de la mujer y su consiguiente libertad para participar activamente en campos educativos, profesionales y políticos. Así surgió la *primera ola del feminismo*, como un movimiento cuya base está en la crítica al modelo histórico de la subordinación de las mujeres. El feminismo ha dado lugar a una serie de movimientos e ideologías que han utilizado el término de manera distinta, de acuerdo con sus intereses y objetivos. Para aclarar su significado, Karen Offen advierte:

> [El término feminismo] debe ser considerado, por derecho propio, como una importante ideología crítica o sistema de ideas en rápida evolución. Como ideología, el feminismo incorpora un amplio espectro de ideas y se da en un marco internacional; sus distintas fases de desarrollo han estado a un tiempo sometidas históricamente a un discurso político e intelectual centrado en el varón y en confli to con él, pero sus manifestaciones más recientes lo han trascendido. De aquí que el feminismo no deba ser analizado intrínsecamente como un apéndice de cualquier otra ideología.[28]

El feminismo es, entonces, un movimiento de cambio sociopolítico que se opone a la subordinación de la mujer al varón en la familia y en la sociedad. Lo más relevante de esta primera fase del feminismo es que, a pesar de atacar frontalmente el pensamiento patriarcal y su organización social, su objetivo no fue erradicar la diferencia sexual, sino únicamente la jerarquía masculina. En esta primera etapa, afi mar a la mujer no significaba erradicar el dualismo sexual. Pero el feminismo ha estado inserto en contextos intelectuales e históricos muy variados que, eventualmente, lo hicieron evolucionar hacia el modelo igualitarista y, posteriormente, a la denominada ideología de género.

---

[28] Karen Offen, "Definir el feminismo: un análisis histórico comparativo", en *Historia social*, núm. 9, 1991, pp. 129-130, citado por Elósegui y Marcuello, *Diez temas de género…*, p. 48.

Las dos grandes corrientes que se abrieron brecha en estas ideas fueron el feminismo liberal y el feminismo socialista. El enfoque principal de ambas fue, por supuesto, la emancipación de la mujer, pero su orientación tomó un camino distinto en cada una. El liberalismo del siglo xix creó un clima favorable para la reivindicación de los derechos de las mujeres.[29] Desde sus presupuestos, la discriminación sexual es una forma inadmisible de injusticia, puesto que viola la igualdad natural de los derechos. Aparisi, Castilla y Miranda refie en al estudio de Laura Palazzani, quien advierte que para el liberalismo "la diferencia sexual debe ser irrelevante en el momento en que se distribuyen cargos o responsabilidades sociales y, del mismo modo, en el acceso equitativo a la esfera pública".[30] Uno de los representantes más importantes de esta corriente feminista es el inglés John Stuart Mill (1806-1873). Llama la atención porque se trata de un hombre defendiendo los derechos de la mujer –prueba de que este primer feminismo no buscaba anular la diferencia sexual sino, simplemente, liberar la condición femenina de su situación de subordinación–. Sobresale su obra *El sometimiento de las mujeres*, en la cual defiende un principio de igualdad perfecta entre varón y mujer, y reclama –al igual que Wollstonecraft– que la causa de la inferioridad femenina se debía a su falta de educación.[31] Por supuesto, fue partidario del derecho al voto para las mujeres y cuestionó profundamente que la subordinación de la mujer se considerara algo propio de la naturaleza. Gracias a los esfuerzos de Mill y de otros intelectuales activistas, las inglesas fueron las primeras en exigir el voto para la mujer en la década de 1830. Por su parte, la corriente marxista-socialista también luchó por la emancipación de la mujer en la esfera pública y reclamó sus derechos jurídicos, con la especial característica de que asimiló el problema de la subordinación de la mujer a la diferencia de clases.

---

[29] Recordemos que el liberalismo del siglo xix tomó como punto de partida, para la concepción y construcción de lo político, la autonomía del individuo, entendida como un valor originario, constituido previamente a la presencia de lo político. Se trata de garantizar el máximo posible de autonomía individual.

[30] Laura Palazzani, *Identità di genere? Dalla differenza alla in-differenza sessuale nel diritto*, Milán, San Paolo, 2008, p. 13, citado por Aparisi y otros, *Discursos sobre el género,* p. 83.

[31] Cfr. John Stuart Mill, *El sometimiento de las mujeres*, México, Alianza Editorial, 2010.

El feminismo socialista equiparó las relaciones sociales a las económicas y productivas, lo cual fue transformando al feminismo en un movimiento verdaderamente político, ya no sólo intelectual. Desde luego, esta corriente atacó frontalmente la institución cristiana del matrimonio, afi mando que era uno de los reforzadores principales del modelo de subordinación. Con el matrimonio, el varón ejercía una presión perfectamente controlada sobre la mujer, pues ésta era tratada como un objeto de su propiedad. Era necesario romper con estas ataduras e incluir a la mujer en el trabajo productivo social, pues el matrimonio y la maternidad la mantenían confinada al trabajo privado doméstico. En esta corriente destacan los escritos de Marx y Engels sobre la emancipación de la mujer[32] y, de un modo especial, aunque años más tarde, se volverá icónica la figu a de Simone de Beauvoir.

Nadie podría dudar de que esta primera etapa del feminismo (finales del siglo XIII-principios del siglo XX) trajo grandes logros para la mujer y consiguió cambios positivos y necesarios en la sociedad: la mujer fue integrada a la esfera pública y sus derechos fueron reconocidos; comenzó a desmoronarse el antiguo prejuicio de su inferioridad natural y, por primera vez, se le abrieron las puertas a la educación superior y al derecho a votar. Sin embargo, ninguna de las dos corrientes feministas logró deshacerse del prejuicio ancestral que identifica la diferencia con la subordinación. Por esta razón comenzó a predominar la argumentación que califica como esencialista y determinista cualquier referencia a la diferencia natural entre varón y mujer. Estas ideas se vieron fortalecidas por las nuevas corrientes filosóficas y científicas de los años sesenta del siglo XX, que buscaron la igualdad de la mujer y el varón ya no sólo en sus funciones sociales sino en su raíz: el evolucionismo de Darwin, el psicoanálisis de Freud, el marxismo y el existencialismo, entre otras. A esto habría que añadir que aunque el primer feminismo logró grandes avances respecto de los derechos de la mujer, en la práctica –especialmente en el mundo laboral y económico– dicha igualdad distaba de ser una realidad.

---

[32] Cfr. Federico Engels, *El origen de la familia: la propiedad privada y el Estado,* México, Coyoacán, 1994.

Todo este ambiente fue el germen que hizo surgir el igualitarismo, que posteriormente evolucionó hacia el posfeminismo de género. La nota esencial de esta *segunda ola de feminismo* (segunda mitad del siglo XX) fue que intentó igualar la mujer al varón, pero siguiendo los patrones que la modernidad le había impuesto a este último desde el pensamiento ilustrado. Jesús Ballesteros explica que en la modernidad, tuvo prioridad "la exactitud sobre la analogía; lo superficial sobre lo profundo; el análisis sobre la síntesis; el discurso sobre la intuición; la competencia sobre la cooperación; el crecimiento sobre la conservación; lo productivo sobre lo reproductivo".[33] Estos criterios representaron el culmen de lo masculino, que ahora las mujeres –si querían tener acceso a las mismas oportunidades que los varones– debían imitar. Siguiendo esta línea de pensamiento, habría que erradicar la diferencia para alcanzar la igualdad de un modo definitivo. Pero erradicar la diferencia fue sinónimo de asimilacionismo. En el fondo no se erradicó nada, sino que se devaluó lo específicamente femenino (especialmente la maternidad) y se exaltó la masculinidad como paradigma de lo humano. Elósegui y Marcuello señalan al respecto:

> Este segundo modelo surge [...] a raíz de las reivindicaciones de los primeros movimientos feministas de los sesenta. Reclamaban la independencia de la mujer con respecto al varón, entendiendo ahora su situación como la de igualdad sin diferencia. Ser iguales significaba ocupar los lugares que en el mundo público sólo habían pertenecido a los hombres, es decir, suplantarles adoptando sus maneras, imitando los modos masculinos (como se apreciaba incluso en la moda unisex).[34]

Se produjo así una curiosa paradoja: para conseguir la absoluta igualdad entre los sexos, la mujer debía imitar al varón y liberarse de lo femenino. Esta fue la respuesta que propuso el feminismo radical para salir definiti amente del patriarcado como estructura de dominación.

---

[33] Jesús Ballesteros, *Postmodernidad: decadencia o resistencia*, Madrid, Tecnos, 1989, p. 130.
[34] Elósegui y Marcuello, *op. cit*, p. 50.

Además, esta segunda ola apareció impregnada de ideas marxistas y de liberalismo sexual. Atribuyó la causa de la desigualdad de la mujer en la esfera pública a su subordinación en la privada. Por eso su lucha estuvo centrada en aspectos relacionados con la sexualidad.[35] Sus dos representantes paradigmáticas fueron Simone de Beauvoir, con su famosa obra *El segundo sexo,*[36] y Betty Friedan con *La mística de la feminidad.*[37] "De este modo –continúan Elósegui y Marcuello– Estados Unidos y Francia se convierten en la cuna del feminismo radical. En Europa se inspira en el marxismo, mientras que en EUA sólo en parte, y en este caso es más crítico".[38] El pensamiento de Beauvoir fue tan importante que se consagró como el ícono del feminismo individualista. Su igualitarismo influ ó fuertemente en los estudios de género de los años posteriores, según los cuales la feminidad y la masculinidad responden únicamente a construcciones culturales. A diferencia del modelo patriarcal, el igualitarista parte de la separación entre lo biológico y lo cultural, y de la idea de que no hay nada "dado". Desde Simone de Beauvoir se rechazó cualquier referencia a un orden natural en la construcción de la identidad sexual. En última instancia, la mujer puede asimilarse al varón porque no existe nada previamente dado en su identidad. Estas ideas fueron evolucionando hasta llegar a la *tercera ola*, también llamada *posfeminismo de género*. En su lucha por abolir el sistema patriarcal desde raíz, estas teorías sostienen que la subordinación de la mujer se eliminará definiti amente el día en que ya no se hable de hombres y mujeres, sino de personas indiferenciadas que pueden construir libremente su identidad sexual. Según Maria Luis di Pietro:

---

[35] Elósegui y Marcuello señalan que, para este segundo feminismo, la sexualidad desempeña un rol esencial en la lucha por la liberación de la mujer. Las autoras refie en el *Informe Kinsey* (*Rapport Kinsey*, 1948-1953), según el cual la liberación de la mujer se alcanzaría a través de "1) la absoluta revolución sexual de clases, no sólo a través de la eliminación del privilegio masculino, sino también eliminando la distinción misma del sexo; 2) el absoluto control de la reproducción de la mujer, incluyendo el aborto a petición y 3) la total liberación sexual, que incluye el derecho absoluto del individuo a tener relaciones sexuales con otros individuos sin importar la edad, el número de personas, el estado civil [...] o el género". Elósegui y Marcuello, *op. cit.*, p. 52.

[36] Cfr. Simone de Beauvoir, *El segundo sexo*, Buenos Aires, Sudamérica, 1999.

[37] Cfr. Betty Friedan, *La mística de la feminidad*, Valencia, Ediciones Cátedra, 2009.

[38] Elósegui y Marcuello, *op. cit.*, p. 31.

> No sólo son negadas la masculinidad y la feminidad, sino también la existencia de una "naturaleza" humana sobre la cual pueda fundarse. Así, negada la existencia de una esencia o especificidad ontológica de la persona, negada la "naturaleza" como dato biológico, sólo queda examinar a la naturaleza como una definición convencional. En este contexto, la identidad no es un estado de hecho, sino un "devenir" de construcción y de-construcción del género. En su interpretación más extrema, se llega a la idea de un individuo abstracto, ni masculino ni femenino, orientado sólo a la actualización de las propias potencialidades del ser humano.[39]

Este posfeminismo –encabezado en la actualidad por la denominada teoría *queer*– rompe con la unidad de la persona, pues separa cuerpo y mente como si se tratara de dos dimensiones completamente inconexas. Por supuesto, una visión antropológica así planteada presenta graves problemas, que analizo con detenimiento en capítulos siguientes. Ahora basta mencionar que, para estas teorías, la igualdad significa homogeneidad: las funciones sociales son absolutamente intercambiables porque varón y mujer son idénticos. En el fondo, afi man Elósegui y Marcuello, "para estas feministas, la guerra entre los sexos es una guerra contra la naturaleza".[40] Por eso también se plantea la existencia de múltiples identidades sexuales, cuya libre expresión se reclama como un derecho. El posfeminismo de género pretende así anular cualquier presupuesto objetivo en la identidad sexual humana.

1.4. Reivindicación de la diferencia

Hacia finales del siglo xx, la idea de que, para superar la dinación de la mujer, es necesario erradicar la diferencia, fue mirada por algunos como contraintuitiva y equivocada. Quizás los cambios sociales y las acciones políticas a favor de la igualdad deberían ser exigidos, sin

---

[39] Maria Luisa di Pietro, "Identidad sexuada y género" en *Medicina y Ética*, núm. 17, 2006, p. 101, citado por Aparisi y otros, *Discursos sobre el género*, p. 96.

[40] Elósegui y Marcuello, *op. cit.*, p. 52.

desdibujar por ello las particularidades propias de la mujer. Así surgió el denominado *feminismo de la diferencia*, que buscó desarrollar una antropología capaz de explicar en qué y por qué las mujeres son distintas de los varones, para potencializar dicha diferencia en todos los ámbitos culturales y sociales en los que la participación femenina resulta imprescindible. Especialmente se puso en tela de juicio la idea de que la mujer debe renunciar a ser madre y a tener una familia para poder triunfar profesionalmente.[41] Algunos grupos criticaron fuertemente los presupuestos difundidos por el feminismo radical, afi mando que en ellos subyace el modelo masculino de persona como el único universalmente válido. En definiti a, al ignorar la diferencia sexual, la mujer se asimila al varón. En la práctica no existe algo así como un sujeto asexuado, porque los valores masculinos siguen presentándose como lo realmente humano. De ahí que el feminismo de la diferencia haya rechazado esta forma de entender la identidad, buscando profundizar en la diferencia. En ningún sentido esto signifi ca ía retroceder al modelo patriarcal. Por el contrario, se trata de defender una moral y cultura específicas de las mujeres, y nuevas modalidades jurídicas que valoricen su peculiaridad.

Así comenzaron los estudios sobre la maternidad y la sensibilidad femenina en la década de los ochenta del siglo pasado. La francesa Luce Irigaray fue quien planteó por primera vez la cuestión de la dualidad y de una ética de la diferencia sexual.[42] De esta manera, el enfoque político del feminismo igualitarista fue sustituido por un análisis psicológico y antropológico de la mujer, centrado en la experiencia fundamental del cuerpo sexuado femenino. La característica de este feminismo es que dejó de luchar por el reconocimiento de un derecho *igual* para buscar el reconocimiento de un derecho *especial*:

---

[41] Dos décadas después de escribir su libro *La mística de la feminidad,* Betty Friedan publicó *La segunda etapa*, en el cual constata que resulta muy alto el precio por renunciar a la maternidad y a la familia. En la lucha por alcanzar políticas de igualdad, no podemos olvidar la irrenunciable dimensión relacional y familiar de la persona. Cfr. Betty Friedan, *La segunda etapa*, Barcelona, Plaza & Janés, 1983.

[42] Cfr. Luce Irigaray, *Ese sexo que no es uno*, Madrid, Ediciones Akal, 2009. También destacan en esta corriente los estudios de las italianas Luisa Murano y Rosi Braidtotti. Cfr. Luisa Murano, *El orden simbólico de la madre*, Madrid, Horas y Horas, 1994, y Rosi Braidotti, *Metamorfosis. Hacia una teoría materialista del devenir*, Madrid, Ediciones Akal, 2005.

"Un derecho a la diferencia, que tenga en cuenta la diversidad entre los individuos, y que asuma, principalmente, la diferencia sexual. Lo que se reivindica, en definiti a, es el derecho a la diferencia de los sexos".[43] Éste se convirtió en el nuevo campo de batalla de muchas feministas.

Ahora bien, el enfoque que presenta el feminismo de la diferencia –aunque parece obvio al sentido común y necesario en la antropología– tiene, sin embargo, algunos inconvenientes. El principal es que corre el riesgo de identificar dicha diferencia con una "esencia" que tenga matices deterministas. De este modo, "el intuido *eterno femenino* se identifica ía con una especie de *esencia de ser mujer*, de carácter estático e inmutable".[44] Esto consagraría las actitudes y las pautas del comportamiento de la mujer como algo inconmovible, predeterminado e idealizado. Con las influencias del marxismo, además, esta lucha por el reconocimiento de la diferencia tiende a derivar en una cierta actitud victimista por parte de la mujer, según la cual el varón utiliza siempre su fuerza para oprimir a las mujeres, tanto social como sexualmente. Así, sin darse cuenta, el feminismo de la diferencia cae en el extremo opuesto: "Se acaba proponiendo el paso del modelo 'androcéntrico' (patriarcal), a un modelo 'ginocéntrico', es decir, a una posición que desplazaría el centro de la humanidad hacia el lado femenino".[45]

Todas estas refl xiones han puesto de manifies o que necesitamos una renovada refl xión antropológica que logre dar cuenta de nuestra condición sexuada sin perder la diferencia ni la igualdad. Es verdad que hasta el siglo XX la antropología había estudiado al ser humano prácticamente de modo asexuado –como "animal racional" en la filosofía clásica, o como "sujeto" o "individuo" en la moderna– y que han sido los diversos feminismos los que han puesto la mira hacia nuestra condición sexuada. Pero ya se ve que todas estas teorías carecen de una visión completa de la realidad humana: si en el modelo patriarcal la diferencia iba unida a la inferioridad, en el

---

[43] Aparisi y otros, *Los discursos sobre el género*, p. 107.
[44] Aparisi y otros, *op. cit.*, p. 110.
[45] *Ibid.*, p. 111.

igualitarismo se ha perdido la diferencia, con tal de ganar la igualdad. Tampoco el feminismo de la diferencia ha logrado deshacerse de las relaciones de jerarquía y subordinación. Por eso, en las últimas décadas ha comenzado a proponerse un tercer modelo de relación sexo/género: el *modelo de la interdependencia* o de la *complementariedad*. Este modelo pone de manifies o que no tiene sentido saber quién es la mujer si no sabemos quién es el hombre, puesto que ambos sexos se implican mutuamente. Se trata de hacer compatibles diferencia e igualdad, reconociendo la dualidad sexual en el marco ontológico de la persona. Ambos, varones y mujeres, tienen la misma dignidad, pero este valor personal se armoniza perfectamente con sus diferencias. Más aún, dichas diferencias les permiten complementarse de un modo pleno –razón por la cual es necesaria, en cada esfera de la vida, su participación mutua y colaboración–. De esta manera, el tercer modelo propugna la interdependencia entre los sexos: una *igualdad en la diferencia,* que reivindica la presencia e interrelación de ambos sexos en el mundo de lo privado y de lo público. Este modelo busca un equilibrio entre "lo dado" (el dato biológico) y "lo cultural" (la realización social) de la identidad sexual. Defiende así la igualdad en todos los roles históricos y culturales, asumiendo las diferencias en lo biológico:

> Según este modelo [...], no todo es absolutamente cultural. Si este modelo reconoce la no identidad entre sexo y género (contra el modelo 1), añade también como necesario el reconocimiento de que no todos los estereotipos sociales atribuidos a los dos sexos son siempre indiferentes, sino que algunos de ellos tienen una mayor raigambre o base biológica, de manera que no son una mera construcción cultural cambiable, sino que están inexorablemente unidos a la diferencia sexual.[46]

Así las cosas, este modelo insiste en que, en ambas esferas, tanto en la pública como en la privada, son necesarias la participación y colaboración de los recursos masculinos y femeninos. Lo cual significa que reivindicar una mayor presencia de la mujer en la esfera

---

[46] Elósegui y Marcuello, *op. cit.,* p. 84

pública va de la mano con reivindicar una mayor presencia del varón en la esfera privada. Hasta ahora hemos alcanzado mucho de lo primero, pero muy poco de lo segundo. En realidad, "los problemas de cómo hacer frente a la armonización entre familia y trabajo no son exclusivos de la mujer, sino que son problemas que el hombre debe hacer suyos".[47] Como es evidente, el modelo de interdependencia supone necesariamente abandonar los esquemas patriarcales, pero también los igualitaristas, para dar paso a una visión corresponsable y complementaria de los sexos. El desarrollo teórico de este modelo, sin embargo, no ha sido plenamente desarrollado. Blanca Castilla lo atribuye a una falta de andamiaje filosófico que reconozca una diferencia engarzada con la igualdad: "Carecemos de una filosofía que haga sitio al dos diferente en el mismo nivel ontológico. En ese caso, sólo resta minusvalorar, imitar, rivalizar o negar a uno para poder afi mar al otro".[48] Para Castilla esto tiene que ver con la necesidad de superar el antiguo debate entre naturaleza y cultura y, más profundamente, la insuficie te concepción de la unidad como lo único. Habría que mencionar, por último, que los nuevos avances antropológicos están señalando que la diferencia sexual necesita ser integrada en la refl xión sobre la persona humana, lo cual quiere decir que la diferencia de los sexos se remite, en última instancia, a la ontología:

> La diferencia se presenta entonces, no tanto como una esencia determinista o inmovilista y estática, sino como parte de la estructura del ser personal, de la persona, que responde a la pregunta por el ¿quién soy yo?, ¿cuál es mi propia identidad, como mujer o como varón?[49]

---

[47] *Ibid.*, p. 88.

[48] Blanca Castilla, *Presupuestos antropológicos del modelo de género*, p. 5.

[49] Aparisi y otros, *Discursos sobre el género*, p. 115.

2. La diferencia sexual como realización cultural

2.1. Margaret Mead

2.1.1. Un debate entre naturaleza y cultura

El siglo xx comenzó abriendo un abanico de nuevos saberes acerca de la persona humana. El interés por los diversos datos que las nuevas ciencias aportaban al saber antropológico hizo de la persona humana una cuestión central. Se desarrollaron ampliamente ciencias recientes, como la psicología, la sociología y la antropología en tanto disciplina formal. En este contexto, desde luego no podía pasar desapercibido el problema de la igualdad y la diferencia entre varón y mujer. Por eso, en los comienzos del siglo xx, principalmente con la obra de Freud, se vislumbró la importancia que tiene la sexualidad en la comprensión de los seres humanos, y su estudio se puso al centro de la antropología. Entre las ciencias humanas que se desarrollaban con rapidez, tuvo especial importancia la antropología cultural. Como su nombre lo indica, esta disciplina busca comprender al ser humano a través de sus manifestaciones culturales, siempre de un modo colectivo, y se interesa por los orígenes de la humanidad. Analiza los pueblos primitivos como modelos microcósmicos que permiten entender el funcionamiento de los grupos sociales en mayor profundidad. Si tomamos en cuenta que uno de sus principales objetivos es determinar qué es decisivo en el comportamiento humano –si lo recibido por la biología o lo aprendido mediante la cultura–, es obvia la relevancia con que esta controversia se insertó en la discusión sobre el género. En el seno de esta disciplina se llevaron a cabo importantes aportaciones al tema de la identidad sexual, entre las cuales destaca el trabajo de la antropóloga y etnóloga Margaret Mead, quien, tras su trabajo de campo en las islas de Samoa y Nueva Guinea, llegó a la conclusión de que es la cultura, y no la biología, la principal fuerza que define la personalidad individua .

En una de sus principales obras, *Sexo y temperamento*, publicada en 1935, Mead aborda un asunto complejo: el grado de maleabilidad de la naturaleza humana. En una de sus recapitulaciones más célebres, afi ma que "la naturaleza humana es maleable hasta extremos casi increíbles, y responde con exactitud y de forma igualmente contrastante a condiciones culturales distintas y opuestas".[1] La relación entre naturaleza y cultura ha sido el debate por antonomasia de la antropología cultural. Para entenderlo, recordemos rápidamente que la naturaleza era la explicación última de las cosas en la cultura clásica, el fundamento de la realidad. La modernidad cuestionó este planteamiento que, al parecer, no logra dar cuenta enteramente de la complejidad humana. Pues, ¿cómo puede el hombre tener la capacidad de imponerse a sí mismo sus propios fines si tien , al mismo tiempo, una naturaleza que se los da ya dados?[2] Blanca Castilla recuerda que los griegos clásicos, sin negarla, apenas desarrollaron la libertad. Es un tema que adquirió importancia en la época cristiana. Los escolásticos del siglo XIII fueron los primeros en considerar sistemáticamente la libertad, pero lo hicieron todavía en los esquemas aristotélicos, pues seguían viendo en la naturaleza la razón última de las perfecciones humanas. Razonaron entonces que si el hombre actúa libremente es porque su naturaleza es libre, con lo

---

[1] Margaret Mead, *Sexo y temperamento en tres sociedades primitivas*, Barcelona, Paidós, 2006, p. 260.

[2] Recordemos que para Aristóteles, "las cosas están hechas de la manera en que su naturaleza dispuso que fuesen hechas, y su naturaleza dispuso que fuesen hechas de la manera en que están hechas, si nada lo impide. Pero están hechas para algo. Luego han sido hechas por la naturaleza para ser tales como son". Aristóteles, *Física*, Madrid, Gredos, 2002, 199a.

cual se mezclaron dos realidades que pertenecen a órdenes distintos: naturaleza y libertad en un único concepto, la naturaleza humana. La modernidad rechazó esta solución forzada, al advertir que la libertad no puede quedar encerrada en una mera dimensión de la naturaleza humana, puesto que es algo más profundo que la sola característica de algunos de sus actos (las decisiones libres). A partir de entonces la relación entre naturaleza y libertad ha sido problemática, al punto de plantearse como un claro dualismo. Dice Castilla al respecto:

> Este breve *excursus* por la historia de la filosofía es para centrar el planteamiento dicotómico entre naturaleza y libertad, ámbito en el que poco después nace la polémica entre naturaleza y cultura (modo de llamar a las realizaciones propias de la libertad). [...] En efecto, la relación naturaleza-cultura es concebida en términos dualistas caracterizados por el *extrinsecismo*, contemplando la cuestión desde fuera, de modo que se las presupone, de forma acrítica, como dos realidades ya constituidas antes de que entren en relación. [...] Siguiendo este esquema dualista, se trata de fundar la antropología o en la naturaleza –como se hizo en la filosofía a istotélico-tomista– o en la cultura.[3]

El planteamiento de la confrontación entre naturaleza y cultura se ha repetido en la discusión sobre la relación sexo/género. Es también el clima intelectual en el que apareció *Sexo y temperamento en tres sociedades primitivas*, cuya tesis principal se sintetiza en esta gráfica comparación hecha por Margaret Mead: "Muchos, si no todos, de los rasgos de la personalidad que llamamos femeninos o masculinos, se hallan tan débilmente unidos al sexo como lo está la vestimenta, las maneras y la forma del peinado que se asigna a cada sexo según la sociedad y la época".[4] Los datos de Mead se adecuaban a los tiempos. El sexismo y el racismo se fortalecían en varias partes de Europa y América. Con sus estudios, la antropóloga intentaba contrarrestar esta tendencia, ofreciendo pruebas de que los hombres y las mujeres son inherentemente iguales, sin importar

---

[3]   Blanca Castilla, *Presupuestos antropológicos del modelo de género*, p. 8.
[4]   Mead, *Sexo y temperamento...*, p. 260.

los grupos étnicos y sociales. Para ello se instaló en las islas de Nueva Guinea y realizó tres investigaciones entre los pueblos primitivos de los mares del sur, con el fin de estudiar cómo funciona el condicionamiento de las personalidades sociales de los sexos. Con la esperanza de su investigación arrojara alguna luz sobre las diferencias entre los mismos, ni siquiera ella visualizó las conclusiones a las que llegaría tres años después de su llegada al Monte Arapesh en 1931:

> Yo compartía la creencia general en nuestra sociedad de que había un temperamento natural correspondiente a cada sexo, que podía, en casos extremos, deformarse o alejarse de su expresión normal. No sospechaba que los temperamentos que consideramos innatos en un sexo podrían ser, en cambio, meras variaciones del temperamento humano, a las cuales pueden aproximarse por su educación, con más o menos éxito según el individuo, los miembros de uno o de los dos sexos.[5]

2.1.2. Sexo y temperamento

En esta obra, Margaret Mead narra el relato de tres sociedades primitivas, que han agrupado sus actitudes sociales hacia el temperamento en relación con la diferencia sexual: los arapesh, los mundugumor y los tchambuli. La sorprendente experiencia a la que se enfrentó la antropóloga fue que cada tribu desarrolló de distinta manera el problema de las diferencias de los sexos. Mead estaba convencida de que, comparando la forma en que cada tribu ha destacado estas diferencias, es posible profundizar el conocimiento acerca de qué elementos son elaboraciones sociales, originalmente ajenos a los hechos biológicos de la sexualidad. Como su título lo indica, la obra de *Sexo y temperamento* se ocupa de la estructuración de la conducta sexual desde el punto de vista del temperamento, partiendo del supuesto culturalmente aceptado en Occidente de que ciertas actitudes son *naturalmente* femeninas y otras *naturalmente* masculinas.

---

[5] *Idem*, p. 19.

En contraste con dicha creencia, Mead encontró que dos de las tribus con las que llevó a cabo sus investigaciones no concebían que los hombres y las mujeres posean diferentes temperamentos. Tanto los arapesh como los mundugumor carecían de toda noción de que ciertos rasgos temperamentales están indisolublemente asociados con un sexo y opuesto al otro. Los primeros desarrollaron una personalidad típicamente maternal y femenina, tanto para los varones como para las mujeres, mientras que los segundos eran violentos y agresivos. En cambio, la tercera tribu, los tchambuli, encarnaban un reverso de las actitudes hacia el sexo que han predominado en la cultura occidental: la mujer tchambuli dirigía, tenía un comportamiento impersonal y dominante, mientras que el varón era menos responsable y estaba subordinado emocionalmente. Para Mead, estas tres situaciones sugerían una clara conclusión:

> Si esas actitudes temperamentales que hemos considerado tradicionalmente femeninas –pasividad, sensibilidad receptiva y la disposición afectuosa para los niños– pueden ser fácilmente establecidas como correspondientes al sexo masculino, en una tribu, y en otra proscritas para la mayoría de los hombres como de las mujeres, carecemos de base para relacionar con el sexo, tales aspectos de la conducta. [...] Los hechos observados están totalmente a favor de la fuerza del condicionamiento social.[6]

Como elemento imprescindible para su investigación, Mead se dedicó también a observar a los *inadaptados*. El inadaptado cultural es quien está en desacuerdo con los valores de su sociedad, porque muestra propensiones temperamentales opuestas a los énfasis de su cultura. En la medida en que una cultura es infl xible en sus preferencias morales y espirituales, "condenará a algunos de sus miembros –que lo son por nacimiento solamente– a vivir ajenos a ella, perplejos en el mejor de los casos, y en el peor, rebeldes y capaces de llegar a la locura".[7] La dificultad particular de los inadaptados culturales es, precisamente, que su inadecuación se debe a una discrepancia

---

[6] Mead, *op. cit.,* pp. 259-260.
[7] *Ibid.,* p. 269.

fundamental entre las normas de su sociedad y su disposición innata. Ahora bien, Mead observó que tanto los arapesh como los mundu gumor carecían de una de las construcciones sociales imaginativas posibles: la que atribuye diferentes posibilidades a distintos miembros de la comunidad, clasificados en grupos según sexo, edad o casta. En concordancia con sus demás observaciones, llegó a la conclusión de que, cuando la sociedad no está estratificada y las personalidades sociales de ambos sexos son fundamentalmente parecidas, los inadaptados provienen de ambos sexos, sin discriminación. En Mundugumor, por ejemplo, un hombre podía tener actividades femeninas, como la pesca, sin que se le ocurriera simbolizar su conducta con vestimentas femeninas, lo cual demostraba que una cultura así estructurada perjudica la función social de sus inadaptados, pero mantiene ileso su funcionamiento psicosexual. En cambio, cualquier sociedad que especializa sus tipos de personalidad según el sexo, prepara el camino para las inadecuaciones del peor orden:

> Los desviados que nos interesan son los individuos cuya adaptación a la vida se halla condicionada por su afinidad temperamental con un tipo de conducta que no se considera natural para su sexo, sino para el opuesto. Para producir este tipo de inadaptado, no sólo es necesario tener una personalidad social definida y aceptada, sino que también es imprescindible que esta personalidad esté rígidamente limitada a uno de los dos sexos. La coerción que obliga a conducirse como miembro de su propio sexo se convierte en uno de los más sólidos instrumentos con los que la sociedad trata al niño que crece, según las fórmulas aceptadas.[8]

Para Mead este sería el caso de la cultura occidental, en la que, aparte del dolor de haber nacido en una cultura cuyos fines no puede admitir ni hacer suyos, más de un hombre tiene la desgracia de ser perturbado en su vida psicosexual. No sólo tiene los sentimientos inapropiados, sino que –y ello es mucho peor y más desconcertante– posee los sentimientos de una mujer.[9] Su tesis fue aún más

---

[8] Mead, *op. cit.*, p. 273.

[9] Mead nos invita a observar la forma en la que se presiona a los niños en nuestra cultura, a

controversial, al afi mar que las consecuencias de una sociedad con roles temperamentales limitados y determinados por el sexo afectan *a todos* sus miembros, tanto a los adaptados como a los inadaptados.[10] Y así, el hecho de que sea necesario sentir no sólo como miembro de una determinada sociedad, sino como miembro de un sexo y no del otro, condiciona el desarrollo de una sociedad a tal punto que produce individuos que se encuentran completamente fuera de lugar.

A raíz de todas estas observaciones, Mead concluyó que toda sociedad tiene tres posibles caminos para enfrentarse al problema de la diferencia sexual. El primero sería estandarizar la personalidad de varones y mujeres como claramente contrastantes, complementarias y antitéticas. Los ejemplos anteriores bastarían para mostrar que éste es un sistema claro, pero destructivo. El segundo consistiría en formar a varones y mujeres de acuerdo con una sola estructura, sin hacer distinción entre las personalidades aprobadas para ambos sexos, como lo hicieron los arapesh y los mundugumor. Este camino, según Mead, procura la salud psicosexual de sus individuos, pero implica una importante pérdida social, pues con la abolición de la diferencia, se extingue el conocimiento de que hay más de una escala de posibles valores. En este sentido, la arbitraria asignación de conductas temperamentales ligadas a los sexos, violenta las dotes individuales, pero permite la construcción de una rica cultura. Por eso, para Mead,

---

fin de lograr esa conformidad entre temperamento y sexo: "No te portes como una niña", "Las señoritas no hacen eso", etc. En cambio, una sociedad que carece de esta rígida dicotomía de los sexos simplemente dice al niño que muestra rasgos anormales de conducta: "No te comportes así", "La gente no hace eso". En palabras de Mead: "La esencia del estribillo disciplinario es 'no serás un verdadero ser humano a menos que suprimas esas tendencias incompatibles con nuestra definición de la humanidad'. Pero ni a los arapesh ni a los mundugumor se les ocurre agregar: 'no te estás portando como un muchacho, sino como una niña' –aun cuando sea el caso". Mead, *Sexo y temperamento…*, p. 274.

[10] Esto querría decir que la sola presencia y anomalía de quienes tienen un temperamento que no se ajusta a las normas establecidas, confunde a quienes sí lo tienen. Pensemos, por ejemplo, en las culturas modernas, que atravesaban la angustia de adaptarse al cambio ocurrido en la posición económica de las mujeres. Los varones se hallaron, de pronto, en la inquietante situación de que uno de los puntales de su autoridad –la capacidad de ser el único soporte de sus familias– les había sido arrebatado. Puesto que, durante siglos, el poder de ganar dinero había sido la prueba de su hombría, su masculinidad era ahora puesta en duda.

la única solución al problema se halla en reconocer las múltiples y diversas potencialidades de todos los individuos que conforman una sociedad, a fin de que cada cualidad humana encuentre el espacio que le corresponde. Se trata de dejar de identificar ciertas habilidades o rasgos temperamentales como propios de un sexo o de otro, a fin de levantar una construcción social menos arbitraria, que ofrezca muchas pautas de conducta, en la que cada individuo pueda elegir la más compatible con sus dones:

> Una civilización podría evitar guiarse por categorías tales como edad, sexo, raza o posición hereditaria de una familia, y en lugar de especializar la personalidad según direcciones tan simples, reconocer, educar y hacer un lugar para condiciones temperamentales múltiples y divergentes. [...] Una civilización como ésta no sacrifica ía las adquisiciones de miles de años, durante los cuales la sociedad ha construido tantos tipos de diversidad. Los beneficios sociales se conservarían, y cada niño sería estimulado según su verdadero temperamento. Donde ahora tenemos pautas de conducta para hombres y otras para mujeres, sólo tendríamos las que expresaran los intereses de individuos dotados de muchos tipos de cualidades. Existirían normas éticas y simbolismos sociales, un arte y una forma de vida compatibles con cada conjunto de cualidades.[11]

2.1.3. Valoraciones críticas de la obra de Mead

Sexo y temperamento ha sido alabado por su visión constructivista del género y, al mismo tiempo, altamente criticado por su determinismo cultural. En el artículo titulado "Rereading *Sex and Temperament*",[12] David Lipset reúne las tres principales críticas a la obra de Margaret Mead, realizadas por los antropólogos Reo Fortune, Deborah Gewertz y Nancy McDowell, algunos años después de la publicación de su

---

[11] Mead, *op. cit.*, pp. 294-295.
[12] Cfr. David Lipset, "Rereading *Sex and Temperament*: Margaret Mead's Sepik Triptych and its Etnographic Critics", *Anthropological Quarterly*, Vol. 76, núm. 4, otoño de 2003, pp. 693-713. Traducción de la autora.

libro. Es llamativo que las tres críticas coinciden en dos aspectos generales: problemas de metodología y el trasfondo de la investigación. Me interesa detenerme en el segundo, ya que los tres autores mencionados afi man que Mead minimizó el papel masculino y su contribución en la estructuración de la cultura. En palabras de Lipset: "Sus tres críticos esencialmente argumentaron que dio un peso insuficie te a las voces de los hombres y a los valores masculinos, y que, implícitamente, sobreestimó los de las mujeres".[13] Reo Fortune negó que tanto los hombres como las mujeres del monte Arapesh pudieran calificarse de "femeninos" y "maternales" en su personalidad. Los varones eran guerreros, no sólo madres cuidadosas. Por su parte, McDowell aceptó la imagen uniforme que Mead presentó de los mundugumor, como un pueblo de temperamento agresivo, pero criticó fuertemente que haya subestimado el significado de los vínculos patriarcales en su sociedad. Finalmente, Gewertz rechazó la caracterización que hizo Mead de los tchambuli, como una sociedad en la que los hombres estaban subordinados a sus esposas. Su crítica coincide, en este aspecto, con la de McDowell: Mead subestimó el valor de la cosmogonía masculina y patrilineal en los tchambuli. Todo esto mostraría, al parecer, que la etnografía de Mead estuvo influe - ciada por sus propios intereses feministas. Desde luego, habría que preguntarnos por qué, al reunir todas sus críticas, este problema surge con peculiar insistencia. En su defensa, Lipset argumenta que la relevancia de *Sexo y temperamento* radica en el hecho de que Mead intentó estudiar *tanto* a los varones *como* a las mujeres por igual, un proyecto nunca antes realizado con tanta seriedad:

> Lo que me resulta sorprendente al releer *Sexo y temperamen-to* [...] no es el fracaso del configu acionalismo ni el exceso del constructivismo cultural de Mead, ni siquiera su malentendido de ciertas instituciones de relación. Por el contrario, me asombro ante la manera en que la etnografía hecha por Mead de los arapesh, los mundugumor y los thcambuli, parece haber acertado en privilegiar o poner en primer plano las acciones, voces y disposiciones tanto de las mujeres como de los varo-

---

[13] David Lipset, "Rereading *Sex and Temperament*...", p. 711.

nes, casi medio siglo antes de la emergencia de la antropología feminista [...], sin mencionar que lo hizo mucho antes del reconocimiento de la polifonía y el dialogismo en la cultura.[14]

Lo notable de la obra de Margaret Mead sería, entonces, que no condujo su etnografía basándose en criterios sexistas. La opinión de Lipset está secundada por otros autores, entre los cuales se encuentra Peggy Reeves Sanday, de la Asociación Americana de Antropología. En su análisis de *Sexo y temperamento*[15] retoma la autobiografía de Margaret Mead[16] para recordar las circunstancias que dieron fruto a sus investigaciones. Allí queda claro que la intención de Mead era estudiar las diferentes maneras en que son moldeados los comportamientos de varones y mujeres, para lo cual había que empezar por comprender la forma en que la cultura moldea las diferencias entre los sexos. A juicio de Mead, "parecía fútil plantear preguntas acerca de las diferencias sexuales dadas por la biología, hasta que no quedara resuelto el problema de los efectos de la influencia cultural en las personalidades femenina y masculina".[17] Todo lo cual parece confi mar que la preocupación de Margaret Mead era demostrar la enorme variabilidad que se presenta en la definición cultural de los roles sexuales, en vez de forzar una etnografía feminista en las civilizaciones que estudió. En consonancia con esto, Mead desaprobaba las discusiones sobre la relación sexo/género que predominaban en su época, las cuales se enfocaban en los modelos de conducta asignados a las mujeres y dejaban a un lado las personalidades sociales asignadas relativamente a ambos sexos. En la introducción a *Sexo y temperamento* advierte:

> Toda discusión sobre la posición de las mujeres, sobre su carácter y temperamento, sobre su virtud o emancipación, oscurece

---

[14] David Lipset, *op. cit.*, p. 712.

[15] Cfr. Peggy Reeves Sanday, "Margaret Mead's View of sex Roles in her own and Other Socities", *American Anthropologist*, nueva serie, Vol. 82, núm. 2, junio de 1980, pp. 340-348. Traducción de la autora.

[16] Cfr. Margaret Mead, *Blackberry Winter: My Earlier Years*, Nueva York, William Morrow & Company, 1972.

[17] Margaret Mead, *Blackberry Winter...*, p. 196, citado por Reeves Sanday, "Margaret Mead's View of sex Roles", p. 341. Traducción de la autora.

el problema básico: el reconocimiento de que la trama cultural, que se oculta detrás de las relaciones humanas, da el modo de concebir los papeles de los sexos, y que se moldea al joven en crecimiento según un modelo local y especial, de manera tan inexorable como ocurre con la niña.[18]

Hasta aquí es indudable que la conclusión de Margaret Mead era tajante al afirmar que todos los rasgos de la personalidad que llamamos femeninos o masculinos son fruto del condicionamiento cultural, pero el pensamiento de la antropóloga evolucionó y 14 años después de la publicación de *Sexo y temperamento* salió a la luz *Masculino y femenino*,[19] en donde argumenta que la variabilidad cultural de los modelos sexuales se funda en ciertas diferencias sexuales primarias, condicionadas por las funciones reproductivas y las diferencias anatómicas entre los sexos. ¿En que se fundamentó este cambio de perspectiva? Para Reeves Sanday, la tensión entre la explicación biológica y la explicación cultural de los roles sexuales es evidente en ambos libros. Mientras que *Sexo y temperamento* defiend el peso de la influencia cultural, *Masculino y femenino* mantiene un punto de vista biológico y psicológico. Tanto, que Betty Friedan calificó este último como "la piedra angular de la mística de la feminidad".[20] Para Friedan era claro que la influencia de Freud había permeado en Margaret Mead, pues sólo así podría explicarse que una especialista en antropología pudiera exaltar la importancia de la maternidad en la personalidad femenina, a pesar de estar consciente de que no hay diferencias sexuales permanentes en todas las culturas. Esto para Friedan equivalía a aceptar que la fuerza rectora de la personalidad humana es la sexualidad, como Freud afirmaba.[21] La complejidad de la postura de Mead despertó así gran confusión en sus críticos, quienes pedían que se decidiera entre una u otra explicación. Su respuesta es clara en el prefacio a la edición publicada en 1950 de *Sexo y temperamento*, que la misma Reeves Sanday transcribe:

---

[18] Mead, *Sexo y temperament...*, p. 15.

[19] Margaret Mead, *Male and Female*, Nueva York, William Morrow, 1968. Traducción de la autora.

[20] Betty Friedan, *La mística de la feminidad*, Valencia, Ediciones Cátedra, 2009, p. 185.

[21] Cfr. Betty Friedan, "El letargo funcional, la protesta femenina y Margaret Mead", en *La mística de la feminidad*, pp. 171-197.

> En la cultura de nuestros días, agobiada por los problemas del *esto o aquello* [una cosa u otra], existe una tendencia a decir: "No puede tener las dos cosas: si muestra que otras culturas pueden moldear a hombres y mujeres de manera distinta a nuestra forma de concebir las diferencias sexuales innatas, entonces no puede también defender que de hecho *hay* diferencias sexuales".[22]

Lejos de ceder ante sus críticos, Mead reafi mó su postura, concluyendo que "no sólo podemos tener las dos cosas, sino muchas más que sólo dos".[23] Con las nuevas luces que descubrió en *Masculino y femenino*, la antropóloga sostenía la idea de que cualquier sociedad que forzara el temperamento de un sexo hacia la predisposición natural del otro estaría en problemas. Por eso, los arapesh, que en *Sexo y temperamento* fueron alabados por tener un patrón uniforme de comportamiento sexual, en *Masculino y femenino* son presentados como "una sociedad que dificulta mucho el ser varón, especialmente en todos los aspectos asertivos, creativos y productivos de la vida, de los cuales depende la superestructura de una civilización".[24]

De acuerdo con Reeves Sanday, la tesis principal de la nueva obra de Mead descansa en la suposición de que, para poder complementarse de un modo pleno, hombres y mujeres necesitan identificarse enteramente con su propio sexo. Esto conlleva implicaciones sociales muy interesantes que para la antropóloga reflejan la impronta sexual detrás del comportamiento cultural de ambos sexos:

> Mead sentía que el rol masculino y las relaciones asimétricas entre los sexos estaban basadas en el hecho de que la identific ción sexual de la mujer se afi ma con mayor facilidad que la del hombre. Puesto que la paternidad permanece "inferencial, al final del día", ella proponía que la plena identificación sexual del varón se alcanza por medios culturales, no biológicos. La necesidad masculina de tener éxito es paralelo y resultado de la capacidad femenina de procrear un hijo.[25]

---

[22] Margaret Mead, preface to *Sex and Temperament*..., Nueva York, William Morrow, 1963, citado por Reeves Sanday, "Margaret Mead's View of Sex Roles", p. 340. Traducción de la autora.

[23] Margaret Mead, prefacio, *Sex and Temperament*.

[24] Mead, *Male and Female,* p. 89.

[25] Reeves Sanday, "Margaret Mead's View of sex Roles", p. 345.

Esto explicaría por qué muchas veces las actividades masculinas son consideradas más importantes que las femeninas: al serles negada la capacidad de procrear, los varones monopolizan los frutos de la civilización. Por el contrario, la mujer reafi ma su identidad sexual de un modo prácticamente inmediato. En consecuencia, cuando el rol maternal de la mujer es devaluado, como en el caso de la sociedad mundugumor, "las mujeres cesan de disfrutar su feminidad, y los hombres ni envidian ni valoran el rol femenino".[26] En resumen, en *Masculino y femenino* su autora promueve la idea de que una sociedad es simétrica y equilibrada cuando cada sexo está seguro de su identidad, y ambos tienen roles verdaderamente satisfactorios. Al parecer, en esta segunda obra Mead intentó armonizar las dimensiones biológicas y psicológicas de la diferencia sexual, mostrando de qué manera la cultura influ e en la aceptación del propio género, sin negar la realidad biológica que le subyace. Esta actitud queda clara en las últimas páginas de *Masculino y femenino*:

> Darle a cada sexo lo que le corresponde, un reconocimiento pleno de sus peculiares vulnerabilidades y de sus necesidades de protección, significa ver más allá de las semejanzas superficiales que se dan en el último periodo de la infancia [...]. Cualquier adaptación que minimice una diferencia, una vulnerabilidad en uno de los sexos, una fortaleza diferencial en el otro, disminuye su posibilidad de complementarse mutuamente [...], lo que acaba por acallarlos a los dos en una versión más apagada de la vida humana, en la que cada uno niega la plenitud de la humanidad que cada uno podría haber tenido.[27]

Es indudable que la contribución teórica más trascendente de *Sexo y temperamento* y *Masculino y femenino* se halla en la historia del feminismo. Más interesante que su metodología de campo son las conclusiones antropológicas a las que llegó Margaret Mead. Betty Friedan no dudó en afi mar que "la autora que más influ ó en la mujer moderna, en términos tanto del funcionalismo como de la protesta

---

[26] Mead, *op. cit.*, p. 119.
[27] Mead, *Male and Female,* p. 274.

femenina, fue Margaret Mead".[28] Pero su influencia –como resulta evidente después de un breve repaso de sus dos obras principales– "ha sido una paradoja".[29] Por un lado, habla de la infinita variedad de los modelos sexuales y de la enorme plasticidad de la naturaleza humana. Por otro, glorifica a las mujeres en su rol femenino, como lo define su función sexual biológica. De sus observaciones antropológicas en las tres sociedades primitivas de las islas de Samoa, "traslada a la cultura popular una visión auténticamente revolucionaria de las mujeres".[30] Recordemos su propuesta de una sociedad que finalme te sustituya las definiciones arbitrarias de los sexos por un reconocimiento de los dones individuales que se dan en cualquier persona, sea varón o mujer. Una sociedad así permitiría que la mujer desarrollara plenamente sus capacidades. "Pero ésta no es la visión que la mística tomó de Margaret Mead; ni tampoco es la visión que ella misma sigue ofreciendo".[31] Betty Friedan le criticó que en esta segunda etapa de su pensamiento haya perdido su propia conciencia antropológica de la maleabilidad de la personalidad humana y, sobre todo, que haya retomado una perspectiva funcional al considerar el potencial de la mujer. En un pasaje clave que la misma Betty Friedan transcribe, Mead se pregunta:

> ¿Estamos ante un imponderable que no debemos osar desacatar porque está tan profundamente arraigado en nuestra naturaleza biológica de mamíferos, que hacerlo conduciría al malestar individual y social? ¿O con un imponderable que, aunque no esté tan profundamente arraigado, sigue siendo tan conveniente socialmente y está tan comprobado, que sería poco económico cuestionarlo; un imponderable que dice que, por ejemplo, es más fácil dar a luz y criar hijos si moldeamos el comportamiento de los sexos de manera muy distinta, enseñándoles a caminar y a vestirse y a actuar de formas diferentes, y a que se especialicen en trabajos de naturaleza distinta? También debemos preguntarnos: ¿cuáles son las posibilidades que brindan las diferencias entre los

---

[28] Friedan, *La mística de la feminidad,* p. 182.
[29] Friedan, *op. cit.,* p. 182.
[30] *Ibid.,* p. 183.
[31] *Ibidem.*

sexos? […] Dado que los chicos han de vivir y asimilar a una edad temprana el trauma de saber que nunca podrán gestar, desde la seguridad incontrovertible de que es un derecho innato de las mujeres, ¿en qué medida es esto un acicate para su ambición creativa y para su dependencia del éxito? Dado que las niñas tienen un ritmo de crecimiento que hace que su propio sexo les parezca inicialmente menos seguro que el de sus hermanos, y por ello les da una impresión falsa de un logro compensatorio que casi siempre se desvanece ante la certidumbre de la maternidad, ¿existe alguna probabilidad de que esto suponga una limitación para su sentido de la ambición? ¿Y qué posibilidades positivas conlleva todo esto?[32]

De acuerdo con Friedan, este pasaje revela la orientación freudiana de Mead. Aquí queda claro que las diferencias biológicas entre los sexos se habían convertido en el fundamento de su enfoque de la cultura y de la personalidad. Por supuesto, en las sociedades primitivas de las islas de Samoa, en donde el rol del cuerpo desnudo –masculino o femenino– determina el curso de la vida y de la personalidad humanas, debió resultar mucho más fácil observar las diferencias corporales como la fuerza rectora de la civilización. El problema era que, a partir de la vida como se experimentaba en aquellos pueblos primitivos, Mead defendió un ideal para las mujeres contemporáneas "que daba una nueva realidad a la tambaleante estructura del prejuicio sexual, la mística de la feminidad".[33] En el fondo, Mead estaba recreando un mundo en el que tener un bebé es el pináculo de la existencia humana –algo quizá lógico para la gente sencilla de los mares del sur, pero absurdo en un modelo más complejo de vida humana, como el del siglo XX. Su interpretación de la naturaleza sexual hizo de la procreación un culto, excluyendo de la vida de la mujer cualquier otro empeño creativo. De esta forma, al ensalzar el misterioso milagro de la maternidad, reprimió su propia visión del potencial de la mujer y transmitió para su generación

---

[32] Margaret Mead, *Male and Female*, Nueva York, 1955, pp. 16-18, citado por Friedan en *La mística de la feminidad*, p. 185. En el texto original no se menciona la editorial.

[33] Friedan, *La mística de la feminidad*, p. 188.

una glorificación de la feminidad completamente fundada en la diferencia biológica:

> La visión que la mística tomó de Margaret Mead era la de un mundo en el que las mujeres, por el mero hecho de ser mujeres y de traer criaturas al mundo, se granjearían el mismo respeto que se merecen los varones por sus logros creativos –como si tener útero y pechos les confi iera a las mujeres una gloria que los varones nunca pueden alcanzar, aun cuando trabajen toda su vida para crear–. En semejante mundo, todas las demás cosas que las mujeres puedan hacer o ser son meros sustitutos del hecho de concebir una criatura.[34]

Betty Friedan concluyó que la aportación de Margaret Mead a la mística de la feminidad habría sido menos relevante si las mujeres estadounidenses hubieran seguido el ejemplo de su vida, "en lugar de hacer caso de lo que decía en sus libros".[35] Desde mi punto de vista, las paradojas de su pensamiento muestran la riqueza y complejidad de la sexualidad humana, y evidencian la búsqueda sincera de una pensadora honesta, que luchó por comprender el misterio de nuestra condición sexuada. *Sexo y temperamento* fue cimiento para una postura que, desde otro punto de vista, cobró mucho mayor relieve en Simone de Beauvoir, y se radicalizó en Judith Butler. Ahí parece ofrecer una constatación de que la diferencia sexual es cultural. Sin duda, la idea de una increíble maleabilidad de la naturaleza humana permite afirmar que la fuerza del condicionamiento social es determinante en la construcción cultural del sexo. Pero una antropología así se sostiene en un concepto de libertad que se presenta como el valor decisivo de la persona. *Masculino y femenino*, en cambio, ofrece una antropología en la que la libertad –entendida como pura arbitrariedad– no tiene la única palabra, sino que se ubica en el cuerpo de una persona sexuada, que le va marcando las pautas para su desarrollo y plenitud. En esta segunda obra, la antropóloga recurrió a un criterio de corte más pragmático, casi fenomenológico

---

[34] Friedan, *op. cit.*, p. 190.
[35] Friedan, *La mística de la feminidad,* p. 193.

de la sexualidad. Por la profundidad de sus estudios sería ilógico pensar que Margaret Mead estaba pidiendo a las mujeres que regresaran a una era de piedra, en la que, efectivamente, tener un hijo era el culmen del éxito humano. Parece, más bien, que su inicial visión de una infinita variedad de modelos sexuales fue transitando hacia una comprensión más armónica de la naturaleza, en la que buscó dar otro significado a las condiciones psicológicas y biológicas de la realidad sexual. Apegarse solamente a una de sus obras, sería injusto con la totalidad de su pensamiento. *Masculino y femenino* no niega la influencia cultural en la conformación de la personalidad, pero rescata la complementariedad entre los sexos. Con lo cual parece que Mead encontró razones para concluir que una explicación meramente constructivista del género no logra dar cuenta de la diferencia sexual. Históricamente, sin embargo, la obra que más influ ó en el desarrollo del feminismo fue *Sexo y temperamento*, en donde los hechos observados parecen estar totalmente a favor de la fuerza del condicionamiento social. A falta de unos presupuestos filosóficos los suficie temente sólidos para justificar su cambio de perspectiva, esta segunda ola del feminismo desaprobó *Masculino y femenino*, y decidió conservar las conclusiones antropológicas contenidas en sus primeros trabajos:

> Por lo tanto, partiendo de la misma premisa y examinando el mismo conjunto de pruebas antropológicas, ahora llega a un rol ligeramente distinto para las mujeres, por lo que cabría preguntarse seriamente en qué se basa para decidir cuáles son los roles que debería desempeñar una mujer, y qué hace que le resulte tan sencillo cambiar las reglas del juego entre una década y la siguiente.[36]

---

[36] Friedan, *La mística de la feminidad*, p. 197.

2.2. Simone de Beauvoir

2.2.1. La mujer como el Otro del varón

En 1949 apareció un texto fundamental para entender el feminismo del siglo xx: *El segundo sexo* de Simone de Beauvoir, obra con la que se inauguró la segunda ola del feminismo. Considerada hasta nuestros días un paradigma infranqueable en el estudio antropológico de la mujer, la frescura de Simone de Beauvoir consistió en haberse preguntado por la situación existencial del sexo femenino, que ha sido condenado históricamente a la "otredad". De acuerdo con Beauvoir, la feminidad ha sido siempre descrita en términos vagos e indistintos, pero jamás se ha planteado su modelo en sentido estricto: "Todo el mundo está de acuerdo en reconocer que en la especie humana hay hembras; constituyen hoy, como antaño, la mitad, aproximadamente, de la humanidad y, sin embargo, se nos dice que la feminidad está en peligro".[37] Parece, entonces, que no todo ser humano hembra es necesariamente una mujer. ¿En qué consiste, pues, esta misteriosa realidad que es la feminidad? ¿Y qué es una mujer? Si ya no hay feminidad es porque no la habido nunca. ¿Significa esto que la palabra "mujer" carece de sentido? Fueron éstas las preguntas que motivaron a la filósofa francesa a sumergirse en los problemas del feminismo, a pesar de considerarlo un movimiento equivocado de raíz. Dudó mucho tiempo en escribir un libro sobre la mujer, hasta que descubrió que el mismo enunciado del problema sugería ya una primera respuesta. Era signific tivo que fuera ella quien se lo planteaba:

> A un hombre no se le ocurriría la idea de escribir un libro sobre la singular situación que ocupan los varones en la humanidad. Si quiero defini me, estoy obligada antes de nada a declarar: "Soy una mujer"; esta verdad constituye el fondo del cual se extraerán todas las demás afi maciones. Un hombre no comienza jamás

---

[37] Simone de Beauvoir, *El segundo sexo*, Buenos Aires, Sudamericana, 1999, p. 15.

por presentarse como individuo de un determinado sexo: que él sea hombre es algo que se da por supuesto.[38]

La tesis central de *El segundo sexo* es que la relación entre los dos sexos no es la de dos polos, pues el varón representa a la vez lo positivo y lo neutro. El hecho de ser varón no constituye una singularidad, en cambio, la mujer aparece siempre como lo negativo, "ya que toda determinación le es imputada como limitación, sin reciprocidad".[39] Sus condiciones singulares –el tener ovarios y útero– la encierran en su subjetividad, le impiden considerarse como un ser autónomo. Hay un tipo humano absoluto: el masculino. La alteridad, en cambio, se cumple en lo femenino. De tal forma que la mujer se determina y diferencia en relación con el varón, y no éste en relación con ella: "La mujer es lo inesencial frente a lo esencial. Él es el Sujeto, él es lo Absoluto; ella es lo Otro".[40] Así, para Simone de Beauvoir el problema de la mujer se reduce a uno solo: no ha sido nunca considerada como un ser humano igual que el varón, sino como un ser relativo y, en consecuencia, tenida por objeto. La mujer se ha definido como madre, esposa e hija, pero estas definiciones manifiestan una oposición de relación frente al varón, expresada siempre en términos jerárquicos.

¿De dónde provendría esta objetivización de la mujer? De acuerdo con Simone de Beauvoir, la categoría de lo *Otro* es tan original como la conciencia misma, es una categoría fundamental del pensamiento humano. Desde la introducción nos remite a Hegel y a la dialéctica del amo y el esclavo, gracias a la cual "se descubre en la conciencia misma una hostilidad fundamental con respecto a toda otra conciencia".[41] Desde esta perspectiva, el sujeto no se plantea si no es en forma de oposición, pues quiere afi marse como lo esencial y convertir al otro en objeto. Normalmente, la otra conciencia le opone siempre una pretensión recíproca. Por eso, al considerar la situación de la mujer, surge una pregunta inevitable:

---

[38] Simone de Beauvoir, *op. cit.*, p. 17.
[39] *Ibidem.*
[40] *Ibid.*, p. 18.
[41] *Ibid.*, p. 20.

¿Cómo es posible, entonces, que esa reciprocidad no se haya planteado entre los sexos, que uno de los términos se haya afi - mado como el único esencial, negando toda relatividad con respecto a su correlativo, definiendo a éste como la alteridad pura? ¿Por qué no ponen en discusión las mujeres la soberanía masculina? Ningún sujeto se plantea, súbita y espontáneamente, como lo inesencial; no es lo Otro lo que, al definirse como Otro, define lo Uno, sino que es planteado como Otro por lo Uno, al plantearse éste como Uno. Mas, para que no se produzca el retorno de lo Otro a lo Uno es preciso que lo Otro se someta a este punto de vista extraño. ¿De dónde le viene a la mujer esta sumisión?[42]

Beauvoir pone como ejemplo otros casos en los cuales una categoría domina absolutamente a otra. Una desigualdad numérica conlleva usualmente ese privilegio, pero está claro que las mujeres no son una minoría, como lo fueron los negros en Estados Unidos de América de finales del siglo XIX. También ha sucedido que los grupos enfrentados eran independientes en otro tiempo, en el que se ignoraban o admitían la autonomía del otro. En este caso ha sido un acontecimiento histórico la causa de la subordinación de uno de ellos. Pensemos, por ejemplo, en la diáspora judía o en las conquistas coloniales. Sin embargo, no ha habido un desarrollo histórico que explique la existencia de las mujeres. Éstas lo son por su estructura fisioló ica. Su dependencia no es consecuencia de un acontecimiento histórico, pues "por mucho que remontemos el curso de la historia, siempre las veremos subordinadas al hombre".[43] La división de los sexos es, en efecto, un hecho biológico, no un momento de la historia humana. ¿Qué significa esto? ¿Es posible que una condición natural desafíe al cambio? La alteridad podría aparecer aquí como un absoluto, pero Beauvoir insiste en que tampoco la naturaleza es un dato inmutable. De modo que "si la mujer se descubre como lo inesencial que nunca vuelve a lo esencial, es porque ella misma no opera esa vuelta".[44] Si la acción de las mujeres no ha pasado nunca

---

[42] *Ibid.*, p. 20.

[43] *Ibid.*, p. 21.

[44] *Ibidem.*

de ser una mera agitación simbólica es porque, en el fondo, la mujer tiene miedo a negarse como el Otro del varón. Toda la historia ha sido escrita por el puño masculino. Negar la complicidad con el varón sería renunciar a todas las ventajas que les puede conferir la alianza con la casta superior. Pero, sobre todo, junto con el riesgo económico, "la mujer esquiva el riesgo metafísico de una libertad que debe inventar sus propios fines sin   yuda".[45]

Simone de Beauvoir construyó todo su planteamiento sobre esta idea fundamental. Es la perspectiva que ella misma definió como una *moral existencialista*, según la cual todo sujeto se plantea concretamente, a través de los proyectos, como una trascendencia, "que no cumple su libertad sino por medio de su perpetuo avance hacia otras libertades; no hay otra justificación de la existencia presente que su expansión hacia un porvenir infinitame te abierto".[46] Para Beauvoir, cada vez que la trascendencia vuelve a caer en la inmanencia hay una degradación de la libertad en facticidad; una caída que consideraba "una falta moral si es consentida por el sujeto; si le es infli ida, toma la figu a de una frustración y de una opresión; en los dos casos es un mal absoluto".[47] ¿Cómo se relaciona esta moral existencialista con el feminismo? Para la autora de *El segundo sexo*, al lado de la pretensión de todo individuo de afi marse como sujeto, también hay en él la tentación de huir de su libertad y constituirse en cosa. Éste es un camino perdido y equivocado, en el que el individuo "resulta, entonces, presa de voluntades ajenas",[48] sin trascendencia ni valor. Pero es un camino fácil, por el que se evitan la angustia y la tensión de una existencia "auténticamente asumida". Es el camino que la mujer ha elegido para sí, que la define y la sostiene en esa perpetua *condición femenina*:

> Lo que define de una manera singular la situación de la mujer es que, siendo una libertad autónoma, como todo ser humano, se descubre y se elige en un mundo donde los hombres imponen

---

[45] *Ibid.*, p. 23.
[46] Beauvoir, *El segundo sexo*, p. 31.
[47] Beauvoir, *op. cit.*, p. 31.
[48] *Ibid.*, p. 23.

que se asuma como el Otro; pretenden fijarla y consagrarla a la inmanencia [...]. El drama de la mujer es ese conflicto entre la reivindicación fundamental de todo sujeto, que se plantea como lo esencial, y las exigencias de una situación que la constituye como inesencial.[49]

Este drama de la mujer se acentúa cuando además se considera –como lo hace el existencialismo– que la palabra *ser* tiene un sentido dinámico hegeliano y no un valor sustancial. Ser es, entonces, haber devenido, haber sido hecho tal cual se manifiesta. Si las mujeres, en conjunto, son hoy inferiores a los hombres, habrá que mostrar, entonces, cómo ha sido constituida esta realidad femenina, por qué la mujer ha devenido en lo Otro y cuáles han sido sus consecuencias.

Éste fue el gran proyecto que persiguió Simone de Beauvoir al escribir su obra capital. Realizó un análisis crítico de los datos de la biología, la psicología y el materialismo histórico a fin de comprobar si estas condiciones realmente determinan a la mujer, privándola de su libertad. Beauvoir consideró que era necesario crear un clima de opinión pública para que la condición subordinada de la mujer cambiara. Estaba convencida de que la idea tradicional de feminidad había condenado a la mujer a una pasividad y una dependencia casi imposibles de romper. Para el mundo, las mujeres son símbolos vivos de inmanencia, poseedoras de ciertos rasgos característicos que les impiden competir con el varón. La gran batalla de Simone de Beauvoir consistió en defender la idea de que tales rasgos no son productos de la "naturaleza femenina", sino de la cultura y de la sociedad. Para la filósofa francesa, "los defectos que se reprochan a las mujeres, la mayor parte de las veces no hacen más que expresar su situación, pues están provocados por la pasividad forzada, la dependencia, la falta de horizontes y el aislamiento en el que muchas veces se encuentran".[50] Beauvoir criticó duramente la condición femenina, por su pasividad y dependencia, lo que la llevó a rechazar el cuerpo de la mujer y mantener una visión muy desesperanzadora

---

[49] *Ibid.*, p. 31.

[50] Blanca Castilla de Cortázar, "A propósito del *Segundo sexo* de Simone de Beauvoir", en *Anales de la Real Academia de Doctores*, Vol. 4, núm. 2, 2000, p. 402.

de la maternidad. Para ella, la igualdad natural entre todos los seres humanos era algo evidente, sin embargo, la mujer ha sido encerrada en la categoría de la otredad a causa de sus rasgos femeninos. Por eso, si la mujer quería liberarse de su subordinación tendría que imitar la conducta del varón. Sólo así dejaría de estar asociada a la pasividad, a la esfera corpórea y a la inmanencia:

> Lo Otro es la pasividad frente a la actividad, la diversidad que quiebra la unidad, la materia opuesta a la forma, el desorden que resiste al orden. La mujer está así consagrada al Mal [...]. Y, sin embargo, el Mal es necesario al Bien, la materia a la idea y la noche a la luz. El hombre sabe que la mujer le es indispensable para satisfacer sus deseos, para perpetuar su existencia; necesita integrarla a la sociedad en la medida en que ella se somete al orden establecido por los machos.[51]

2.2.2. Existencialismo y fenomenología

> No se nace mujer: llega uno a serlo.
> Simone de Beauvoir, *El segundo sexo*

El pensamiento de Jean-Paul Sartre conformó decisivamente el postulado de Simone de Beauvoir sobre la condición de la mujer como el Otro del varón. Recordemos que el eje del existencialismo es la autonomía absoluta del ser humano. Para Sartre, el hombre es, ante todo, un proyecto que debe realizarse en la trascendencia. Sólo así ejerce plenamente su libertad, y se convierte en sujeto. En *El existencialismo es un humanismo*[52] Sartre defendió la necesidad de vivir una postura atea coherente. Esto quiere decir que el hombre tiene que asumir la no-existencia de Dios hasta sus últimas consecuencias. El hombre está abandonado, está solo, sin excusas. Sin embargo, una vez que se reconoce indefinibl , descubre que su destino se halla en sí mismo. Si Dios no existe, debe de haber al menos un ser en el que la

---

[51] Simone de Beauvoir, *El segundo sexo,* p. 104.
[52] Cfr. Jean-Paul Sartre, *El existencialismo es un humanismo,* México, Quinto Sol, 1994.

existencia preceda a la esencia. Este ser que existe antes de ser definido por ningún concepto, que surge en el mundo y sólo después se
defin , es el hombre. El hombre empieza por existir. No hay naturaleza humana, porque no hay Dios para concebirla. Y, si no es definibl ,
empieza por ser nada. Sólo lo será después, y será tal como se haya
hecho: "El hombre es el único que no sólo es tal como él se concibe,
sino tal como él se quiere, y como se quiere después de la existencia,
[...] el hombre no es otra cosa que lo que él se hace. Este es el primer
principio del existencialismo".[53]

Si verdaderamente la existencia precede a la esencia, el
hombre es responsable de lo que es. Su existencia es un proyecto, un
proyecto que se vive subjetivamente. Sartre insistió continuamente
en este punto para preservar al existencialismo del reproche que se
le hacía de ser una doctrina que conduce al quietismo de la desesperación. En realidad, el primer paso del existencialismo es poner a todo
hombre en posesión de lo que es y mostrarle la responsabilidad total
de su existencia. Cuando el existencialista declara que el hombre es
angustia, quiere decir que no puede escapar al sentimiento de su
profunda y total responsabilidad.

En efecto, "no hay ninguno de nuestros actos que al crear al
hombre que queremos ser, no cree al mismo tiempo una imagen del
hombre tal como consideramos que debe ser".[54] Lo cual supone que
el hombre enfrenta una infinidad de posibilidades y que, al elegir una,
descubre que sólo tiene valor porque la ha elegido. Es bien sabido
que Sartre se opuso decididamente a todo tipo de moral laica que
pretenda suprimir a Dios, pero no al edificio metafísico y ético que se
desprende de él. Si Dios no existe, entonces no es posible hablar de
un bien *a priori*, porque no hay una conciencia infinita y perfecta que
lo fundamente. Precisamente, estamos en un plano en el que sólo
hay hombres, y éste es el único punto de partida del existencialismo.
El hombre está abandonado. No encuentra fuera de sí ni en sí algo
a lo que aferrarse. No podrá explicarse jamás por referencia a una
naturaleza dada. La verdad más fundamental de la existencia es que

---

[53] Jean-Paul Sartre, *op. cit.*, p. 33.
[54] *Ibid.*, p. 35.

no hay determinismo: el hombre es radicalmente libre, *el hombre es libertad*. Ésta es la condición de todo ser humano, sea varón o mujer, y la causa de su dignidad. Es también el ancla que le permitió a Simone de Beauvoir considerar a la mujer como un ser que tiende a la trascendencia, y que, por ello, posee la misma absoluta autonomía que el varón. Como todo ser humano, la mujer también se va conformando libremente. Es ella quien elige su propio ser:

> La mujer no es una realidad inmutable, sino un devenir; en este devenir suyo habría que confrontarla con el hombre, es decir, habría que definir sus posibilidades: lo que falsea tantos debates es que la quieran reducir a lo que ha sido, a lo que es hoy, a pesar de que se plantea la cuestión de sus capacidades; es un hecho que las capacidades no se manifiestan con evidencia sino cuando han sido realizadas, pero también es un hecho que cuando nos referimos a un ser que es trascendencia y superación, no se pueden detener nunca las consideraciones.[55]

Pero la dualidad de los sexos se ha traducido en un confli to, y la mujer ha sido condenada a la otredad: "La humanidad es macho, y el hombre define a la mujer no en sí misma, sino con relación a él, no la considera como un ser autónomo".[56] El varón se ha pensado a sí mismo como sujeto y para garantizar su subjetividad, ha objetivizado a la mujer.[57] El problema es que, para el existencialismo, sólo sujeto y libertad pueden darse recíprocamente. En otras palabras, sólo quien es sujeto puede ser libre. Por eso, esta condición a la que se halla sometida la mujer es trágica. Considerada un objeto, su libertad y autonomía han quedado terriblemente fracturadas. Desde la mirada de Beauvoir, los varones son sinónimo de libertad, de poder de trascendencia permanente. En cambio, las mujeres han

---

[55] Beauvoir, *El segundo sexo,* pp. 57-58.

[56] Beauvoir, *op. cit.,* p. 18.

[57] Recordemos aquí la dialéctica hegeliana del amo y el esclavo que Simone de Beauvoir traduce a la realidad sexual. Ambos filóso os explican esta situación como un proceso dialéctico. El sujeto es el amo que necesita del esclavo para poder imponerse como tal. La relación entre el amo y el esclavo es *necesaria* para que cada uno sea lo que es. Dicho de otra forma, es necesario que el sujeto mantenga al Otro en su coseidad, para permanecer como sujeto. Cfr. G.W.F. Hegel, *Fenomenología del espíritu*, México, FCE, 2009, pp. 117-118.

sido identificadas con la inmanencia y son, por ello, tratadas como objetos. En su libro *Los discursos sobre el género*, Ángela Aparisi, Blanca Castilla y Martha Miranda añaden que "Beauvoir consideró al varón como sujeto activo, que trasciende la realidad dada. Por el contrario, la mujer es sujeto pasivo, que sólo logrará su libertad eliminando su pasividad original".[58] Este drama se acentúa cuando consideramos –como lo hace Beauvoir– que la situación de la mujer como el Otro es una "responsabilidad compartida". Esto quiere decir que no sólo el varón es responsable de la objetivización de la mujer, sino que es ella misma quien se ha dejado definir de esta manera. La mujer, siendo una libertad autónoma, "se descubre y *se elige* en un mundo donde los hombres imponen que se asuma como el Otro".[59] ¿Cómo puede ser esto posible? Si la mujer es "productiva y activa, y tiene noción de su trascendencia",[60] ¿cómo es que ella misma ha contribuido a perpetuar su condición de pasividad?

Parece que lo que más condiciona nuestra libertad es el contexto histórico, el tiempo y el lugar en que hemos nacido. Es lo que Sartre llama "mi sitio".[61] La libertad es entendida para ambos filóso os como absoluta indeterminación, sí, pero "mi sitio" determina los fines a los que puedo tender. Yo no tengo decisión sobre el tiempo y lugar de mi nacimiento –algo que obtengo de manera completamente contingente y gratuita–. Esto me determina, aunque luego pueda yo elegir, durante mi vida, el sentido que tiene para mí esta situación. En *El segundo sexo* Simone de Beauvoir analizó críticamente los distintos escenarios sobre los que se ha desenvuelto históricamente la mujer. Su sitio en este mundo le juega en su contra, pues ha nacido en un mundo dominado por el varón, en donde sus límites de acción están ya definidos por los parámetros masculinos. La tradición ha contribuido a sostener la sumisión femenina, y fortalece estas condiciones, especialmente por medio de la educación. Beauvoir lo expresa de la siguiente manera: "Así es como se educa a la mujer, sin enseñarle nunca la necesidad de asumir por sí misma su existencia;

---

[58] Aparisi y otros, *Los discursos sobre el género*, p. 159.
[59] Simone de Beauvoir, *El segundo sexo*, p. 31. Cursivas de la autora.
[60] Beauvoir, *op. cit.*, p. 469.
[61] Cfr. Jean-Paul Sartre, *El ser y la nada*, Buenos Aires, Losada, 1966, pp. 603-607.

y ella se abandona de buen grado contando con la protección, la ayuda, el amor y la dirección de otro".[62] Es la mirada del varón y de la sociedad la que moldea la identidad femenina, y ella obedece a esta designación porque se le presenta como una condición necesaria para permanecer dentro de la sociedad.

La situación de la mujer se ve configu ada por otro elemento decisivo: su cuerpo. Para el existencialismo, el cuerpo es parte determinante de la situación del individuo. El individuo no puede salir de su cuerpo, y es, precisamente, esta corporeidad la que le permite tener acceso al mundo. Dicho de otra forma, el cuerpo es punto de partida para que el individuo se desarrolle en su existencia. Simone de Beauvoir, sin embargo, no se conformó con esta definición. Para ella era posible mirar el cuerpo desde una doble distinción: como objeto y como experiencia. La primera ha sido determinante para que la mujer sea concebida como "hembra", reducida a sus características fisioló icas; la segunda, en cambio, le permite defender a la mujer como un ser abierto, capaz de darle significado a su propia experiencia en el mundo. Esta distinción recoge sus raíces en la fenomenología de Edmund Husserl. Recordemos que para Husserl, "todo objeto posee una manera de darse a sí mismo o, lo que es lo mismo, todo objeto se ofrece con la evidencia que le es propia".[63] Aquello que se nos muestra, aquello que nos es dado, es lo que Husserl llama "fenómeno". En este sentido, para Beauvoir el cuerpo de la mujer se manifiesta como "fenómeno" ante la mirada del varón. Queda reducida a su cuerpo, y al significado que su cuerpo representa para él. Descrito de manera objetiva, el cuerpo de la mujer se reduce a su configu ación puramente biológica: "Es una matriz, un ovario; es una hembra".[64] Llama la atención que Simone de Beauvoir nunca haya planteado la diferencia sexual como algo opcional en el individuo. Para ella era evidente que varón y mujer tienen una distinción biológica primaria que se manifiesta claramente en el modo de cada uno de interactuar con el mundo: las diferencias sexuales forman parte de

---

[62] Simone de Beauvoir, *El segundo sexo*, p. 350.

[63] Edmund Husserl, *Experiencia y juicio: investigaciones acerca de la genealogía de la lógica*, México, Instituto de Investigaciones Filosófica , UNAM, 1980, p. 28.

[64] Simone de Beauvoir, *El segundo sexo*, p. 202.

una especificación natural. Sin embargo –y esta es la gran aportación de la filósofa francesa– el individuo no debe reducirse a su cuerpo descrito de manera biológica:

> Los individuos no son abandonados jamás a su naturaleza, obedecen a esa segunda naturaleza, que es la costumbre, en la cual se reflejan los deseos y los temores que traducen su actitud ontológica. [...] La fisiolo ía no podría fundamentar valores: antes bien, los hechos biológicos revisten los que el existente les confie e.[65]

Para el existencialista el cuerpo como tal carece de significad . No es más que el punto de partida, la condición de posibilidad para desarrollar su libertad. Puesto que la libertad es lo específicame te humano, hablar de "naturaleza" en sentido metafísico es absurdo. Es el individuo quien le asigna valor a los aspectos biológicos, psicológicos e históricos, y según esos valores conforma su existencia. Pero la mujer ha sido condenada a su cuerpo biológico, a su fisiolo ía y, en consecuencia, ha sido encerrada en la inmanencia y en la pasividad. En este sentido está doblemente limitada. Por un lado la limita su propio cuerpo, que la determina en el mundo. Por otro la limita la mirada masculina, que la reduce a ser objeto. "No se nace mujer: llega uno a serlo",[66] con esta frase Simone de Beauvoir se consagró como un personaje emblemático del feminismo. Pero hay que entender el contexto en el que afi mó estas palabras. Beauvoir no negaba las características propiamente femeninas del cuerpo de la mujer. Acusó que su existencia quedara reducida a ellas y luchó toda su vida contra una perspectiva determinista de la feminidad, porque "la mujer no es una realidad inmutable, sino un devenir".[67] En un pasaje que me parece importantísimo para aprehender la totalidad de su propuesta, ella misma lo explica de la siguiente manera:

> Es indudable que la sexualidad desempeña un papel considerable en la vida humana, al punto de que puede decirse que la pe-

---

[65] Simone de Beauvoir, *op. cit.*, p. 60.

[66] *Ibid.*, p. 247.

[67] *Ibid.*, p. 57.

netra por completo, y ya la fisiolo ía nos ha mostrado que la vida de los testículos y la del ovario se confunden con la del soma. El existente es un cuerpo sexuado; por lo tanto, en sus relaciones con los otros existentes, que también son cuerpos sexuados, la sexualidad se encuentra siempre comprometida; pero si cuerpo y sexualidad son expresiones concretas de la experiencia, también a partir de ésta es posible descubrir su significad .[68]

La mujer no puede situarse más allá de su sexo, pero tampoco se reduce a éste. Ella es, ante todo, su cuerpo vivido.[69] Ésta es la revolución que Beauvoir buscó despertar en las mujeres de su generación. Darse cuenta de ello les permitiría liberarse de la instrumentalización a la que se veían sometidas por la mirada masculina, pues, hasta aquel entonces, el varón se había constituido a sí mismo como juez de la feminidad, convirtiendo a la mujer en lo Otro.

He dicho ya que Simone de Beauvoir detestaba la tradicional idea de feminidad. Estaba convencida de que era el medio por el cual el varón instrumentalizaba a la mujer. No dudó nunca en proclamar que el matrimonio y la maternidad son las dos situaciones que más perpetúan su situación como instrumento y posesión del varón. Sin detenerme mucho en este aspecto tan negativo de su pensamiento, basta con mencionar que Beauvoir creía ciegamente que la opresión de la mujer se originaba en la voluntad de perpetuar la familia y conservar intacto el patrimonio. De acuerdo con los planteamientos de Federico Engels sostuvo la idea de que en la medida en que la mujer lograra escapar de la familia, "también se escapa de esa

---

[68] *Ibid.*, p. 68.

[69] Sin duda, esta propuesta antropológica podría considerarse uno de los antecedentes más importantes para la teoría *queer*, pues abre las puertas a la comprensión del sexo como un constructo cultural. Según María Luisa Femenías, Beauvoir consideraba que "el sexo es, en primer término, sexo vivido; es decir, vivido culturalmente. Por eso, si bien las mujeres en tanto que humanas comparten el *mistein* propio de todo humano, no pueden evidentemente olvidar lo que son porque nadie puede situarse más allá de su sexo. En este sentido, el cuerpo es el *locus de las experiencias vividas concretamente*, el cuerpo no es el mero objeto de la ciencia, sino el cuerpo-sujeto *en situación*. Los feminismos radicalizados de los sesenta y setenta parten de esta concepción del cuerpo propio situado, y en esa medida la obra de Beauvoir se convirtió en una suerte de *condición de posibilidad* de su propia existencia". María Luisa Femenías, *Sobre sujeto y género. Lecturas feministas desde Beauvoir a Butler*, Buenos Aires, Catálogos, 2000, pp. 21-22.

absoluta dependencia; si la sociedad, al negar la propiedad privada, rechaza a la familia, la suerte de la mujer se encuentra considerablemente mejorada".[70] Criticó duramente que en el régimen patriarcal la sociedad considerara a la mujer como un ser incompleto hasta que no contrajera matrimonio. Éste se le presentaba a las muchachas como una meta en la vida. La mujer era educada para casarse, como si el matrimonio le diera cierta justificación a su existencia. Sin embargo, Beauvoir no veía en el matrimonio más que un contrato civil que hace patente el dominio de un varón sobre una mujer. Propuso, entonces, que sólo fuera del matrimonio era posible la libertad para la mujer, pues "al casarse, la mujer cae bajo la tutela del marido, quien puede pegarle, vigila su conducta, relaciones y correspondencia, y dispone de su fortuna, no en virtud de un contrato, sino por el hecho mismo del matrimonio".[71] No concebía que el matrimonio pudiera estar fundado en un amor auténtico. Desde su mirada, el matrimonio es, por definición, una posesión,[72] y el amor sólo puede existir entre dos sujetos que se reconocen como tales mutuamente. No puede haber amor cuando uno de los involucrados es el dueño del otro, y en el matrimonio –como en la vida– la mujer es siempre posesión del varón:

> Por parte de la mujer el acto amoroso es un servicio que rinde al hombre, quien toma de ella su placer y le debe, en cambio, una compensación. El cuerpo de la mujer es un objeto que se compra, y para ella representa un capital que está autorizada a explotar. A veces aporta una dota al esposo, y a menudo se compromete a proveer cierto trabajo doméstico: cuidará la casa y criará a los niños. En todo caso, tiene el derecho a dejarse mantener, y aun la moral tradicional la exhorta a ello. Es natural que se sienta tentada por esa facilidad, tanto más cuanto que los oficios emeninos

---

[70] Simone de Beauvoir, *El segundo sexo,* p. 112.

[71] Simone de Beauvoir, *op. cit.,* p. 127.

[72] Simone de Beauvoir creía firmemente que sólo puede darse un amor auténtico entre dos sujetos que se reconocen a sí mismos como tales. El matrimonio es, por definición, una posesión, por lo que "el acto sexual ya no es una experiencia intersubjetiva, en la cual cada uno se supera, sino una especie de masturbación en común". *El segundo sexo,* p. 201.

son muchas veces ingratos y mal remunerados, todo lo cual hace del matrimonio una carrera más ventajosa que muchas otras.[73]

Junto al matrimonio, la situación más esclavizante que vive la mujer es la maternidad. Para Simone de Beauvoir la mujer ha sido condenada a su función reproductora. Desde el mito de una "vocación natural" se le ha hecho creer que su destino lo realiza plenamente cuando se convierte en madre. Este "destino" la priva de su libertad, pues la maternidad no se reduce al embarazo, sino que implica una relación de responsabilidad con el hijo. Esta relación no era vista por Beauvoir como algo necesariamente malo: puede ser algo libre y querido en sí mismo. Sin embargo, la mujer ha sido educada para creer que la maternidad es el culmen de su existencia, cuando, en realidad, "es un error tan nefasto como absurdo querer ver en el hijo una panacea universal".[74] Beauvoir veía el embarazo como un drama patológico y masoquista, por medio del cual la mujer afi ma su complicidad como el Otro del varón. Para ella el feto se presenta como un invasor, que convierte el cuerpo de su madre en un medio para su desarrollo, lo cual contribuye a la enajenación femenina. El embarazo es algo que la mujer "siente como un enriquecimiento y mutilación a la vez: el feto es una parte de su cuerpo y es un parásito que la explota; ella lo posee y es poseída por él".[75] Con estas consideraciones no resulta extraño entonces que Beauvoir presentara el aborto, la anticoncepción y el control natal como caminos de independencia, pues estaba segura de que dichas opciones legales le permitirían a la mujer asumir libremente su maternidad.

Todo esto orilló a Beauvoir a criticar duramente la función de ama de casa y el trabajo doméstico por considerarlos intrascendentes y pasivos. Desde el marxismo y el existencialismo, estaba convencida de que la mujer necesita del trabajo público para asegurar su emancipación y poder afi marse como sujeto activo, abierto a las mismas posibilidades creativas que el varón. Sólo el trabajo podría

---

[73] Simone de Beauvoir, *op. cit.*, p. 178.
[74] Simone de Beauvoir, *El segundo sexo*, p. 301.
[75] Simone de Beauvoir, *op. cit.*, p. 274.

garantizarle a la mujer una libertad concreta.[76] Para ella el trabajo que la mujer realiza en la casa no le permite ser independiente, lo cual le obliga a depender económica y emocionalmente de su marido:

> El trabajo que la mujer realiza en el interior del hogar no le confi - re ninguna autonomía; no es directamente útil a la colectividad, no desemboca en ningún porvenir y no produce nada. [...] La dura maldición que pesa sobre ella consiste en que no tiene en sus manos el sentido mismo de su existencia. Por eso los éxitos y los fracasos de su vida conyugal son mucho más graves para ella que para el hombre, que es un ciudadano y un productor antes de ser un marido, en tanto ella es, ante todo, y a menudo exclusivamente, una esposa; su trabajo no la libera de su condición, sino que ésta, por el contrario, determina o no el valor de aquél.[77]

Era lógico que Simone de Beauvoir se pronunciara a favor de la abolición de la familia, siendo que la consideraba un instrumento del patriarcado. Lograr la emancipación de la mujer, para ella significaba anular todo aquello que ataba a la mujer a la inmanencia, específicamente la maternidad, pues "engendrar, amamantar no son actividades, son funciones naturales, no están ligadas a ningún proyecto; por ello, la mujer no encuentra el motivo de una afi mación altanera de su existencia; sufre pasivamente su destino biológico".[78] Parece, entonces, que todo lo específicame te femenino para Beauvoir era la causa de su condenación. En consecuencia, su pensamiento encasilló a la mujer en una desgastante paradoja: o se afi ma a sí misma como sujeto y asume auténticamente su existencia o se aferra a su feminidad. No pueden coincidir las dos cosas en un mundo construido con criterios masculinos. Para conseguir la absoluta igualdad entre los sexos, la mujer debe imitar al varón –y disfrutar así de la misma actividad creadora y productiva– y liberarse de lo específicame te femenino, que la mantiene en la pasividad.

---

[76] Este punto ha sido una constante del feminismo de la segunda ola. Siguiendo a María Elósegui podemos decir que "el feminismo radical atribuye la causa de la desigualdad de la mujer en el espacio público a su subordinación en el privado. De ahí que su lucha se centre más en aspectos relacionados con la sexualidad". Elósegui y Marcuello, *Diez temas de género…*, p. 32.

[77] Simone de Beauvoir, *El segundo sexo,* p. 234.

[78] Simone de Beauvoir, *op. cit.,* p. 127.

2.2.3. Valoraciones críticas de la obra de Beauvoir

El pensamiento de Simone de Beauvoir fue un parteaguas para la antropología. Su tesis de que la mujer nunca ha sido considerada como un ser humano igual que el varón, sino como un objeto, planteó la defensa feminista en un plano muy diverso del que se había hecho hasta el momento. En realidad, la tesis de *El segundo sexo* es una pregunta antropológica y una apuesta por la libertad. Para la fil - sofa francesa cómo puede realizarse un ser humano en la condición femenina es una pregunta que no puede responderse sin interpelar su libertad: "¿Qué caminos le están abiertos? ¿Cuáles desembocan en callejones sin salida? ¿Cómo encontrar la independencia en el seno de la dependencia? ¿Qué circunstancias limitan la libertad de la mujer? ¿Puede ésta superarlas? He aquí las cuestiones fundamentales que desearíamos dilucidar".[79] Es evidente, por lo tanto, que el problema de la mujer no tendría ningún sentido si se planteara únicamente desde un ámbito fisioló ico, psicológico o económico. De acuerdo con Blanca Castilla podríamos afi mar, entonces, que el gran mérito de Simone de Beauvoir consistió en haber situado el problema de la mujer desde su carácter humano. *El segundo sexo* es una obra que exige que la mujer sea considerada y tratada como lo que es: un ser humano con dignidad, responsabilidad y libertad, con capacidad activa y autonomía personal:

> Su obra tiene valor por haber tocado fondo. Lo humano merece toda defensa. Sus escritos han contribuido a que el problema de la mujer se plantee en términos de humanismo, pues su protesta por lo que ella denomina la *inesencialidad* de la mujer, y por su reducción al campo de lo sexual, a hembra de la especie humana –opinión fomentada por el psicoanálisis freudiano– no puede menos de encontrar asentimiento. Para Simone de Beauvoir el problema de la mujer tiene un carácter humano, es un problema de alienación y de olvido del ser que le corresponde. Lo que cuestiona es, por tanto, el ser humano, y la solución hay que situarla en ese terreno.[80]

---

[79] *Ibid.*, p. 31.
[80] Blanca Castilla, "A propósito de *El segundo sexo*… ", p. 405.

Esta auténtica lucha por humanizar la causa de la mujer y enriquecer la condición femenina es, sin duda, su herencia más importante. Charles Moeller destacó, además, cuatro acertadas contribuciones de su pensamiento. Ante todo es cierto que ni la biología ni la psicología, ni el materialismo histórico definen a la mujer. Al igual que el varón, también ella puede asumir y superar todos los factores que condicionan su existencia, pues tiene la misma capacidad de convertir en un valor cualquier obstáculo: "Si la mujer es una libertad más difícil, no es una libertad menor".[81] El esfuerzo con que buscó promover el papel de la mujer en la sociedad es, evidentemente, otro valor esencial de su pensamiento. Más interesante todavía es la luminosa descripción con que Beauvoir definió el camino hacia el auténtico amor entre el varón y la mujer, que debe estar basado en una verdadera reciprocidad. En un pasaje que el mismo Moeller transcribe, Beauvoir vislumbra, además, que esta entrega recíproca sería capaz de ubicar la sexualidad en el lugar que le corresponde, "en reacción contra la marea afrodisiaca que invade a la sociedad occidental".[82] De esta manera, Beauvoir restablece, en el seno de la sexualidad, los valores de generosidad que hacen del amor un intercambio libre entre sujetos:

> Este pleno desarrollo que la mujer logre establecer con su pareja una relación de reciprocidad. La asimetría del erotismo masculino y femenino crea problemas insolubles, hasta el punto de que hay lucha de sexos: pueden resolverse fácilmente cuando la mujer siente en el hombre a la vez *deseo y respeto*. Las palabras recibir y dar intercambian su sentido; el gozo es gratitud; el placer, ternura. Es tanto más conmovedor por cuanto los dos seres que simultáneamente niegan y afi man apasionadamente sus límites son semejantes y, sin embargo, diferentes. Esta diferencia que, no pocas veces, los aísla, llega a ser, cuando se unen, la fuente de su maravilla.[83]

---

[81] Charles Moeller, *Literatura del siglo xx y cristianismo*, Madrid, Gredos, 1978, p. 239.

[82] Charles Moeller, *op. cit.*, p. 240.

[83] Simone de Beauvoir, *El segundo sexo*, pp. 156-158, citado por Moeller en *Literatura del siglo xx y cristianismo*, pp. 240-241.

Pero la filosofía de Simone de Beauvoir no está exenta de deficiencia . Moeller no dudó en afi mar que "es esta generosidad misma en la maravilla de dos seres semejantes y al mismo tiempo diferentes lo que Simone de Beauvoir pone en peligro por una tesis errónea, que no se apoya en los hechos y en las situaciones concretas, sino en una filosofí ".[84] Siguiendo a Blanca Castilla habría que hacer notar, en primer lugar, que los postulados existencialistas sobre los que construye todo su pensamiento le impiden determinar quién es la mujer –objetivo principal de su obra, que ella misma enuncia en su introducción–. En efecto, si el ser humano es sólo lo que hace, es difícil determinar qué significa *ser* mujer: "La igualdad –innegable– ahoga completamente la diferencia. [...] En realidad, en la obra de Simone de Beauvoir hay una negación de la identidad".[85] En su intento por romper definiti amente con la desigualdad a la que la mujer había estado sometida, su propuesta terminó por erradicar la diferencia. ¿Qué salida le quedaba, entonces, sino proponer que la mujer imitara al varón? La paradoja es que mientras buscó eliminar esa arbitraria posición de superioridad del varón promovió la masculinidad como el modelo de lo humano. Blanca Castilla lo expresa de la siguiente manera:

> Esto, de hecho, lleva a una aporía: Beauvoir se yergue contra la facticidad histórica de la existencia femenina, pero ella misma convierte esa facticidad en imagen de la mujer, al negar otra esencia que la que se realiza en la historia. No quiere ver en la mujer el misterio que celebran los poetas, rehúsa todo tipo de simbolismo. Reducido a pura existencia, el ser humano no es absolutamente nada más que lo que hace. Es difícil, entonces, determinar qué es la feminidad. Por eso su ideal de liberación de la mujer abocará irremediablemente a la imitación del varón. Si éste encarna la actividad y la mujer la pasividad, el único modo de salir de la pasividad será imitar el modo de trabajar y de ejercitar la libertad por parte del varón.[86]

---

[84] Charles Moeller, *op. cit.,* p. 240.
[85] Ángela Aparisi y otros., *Discursos sobre el género*, p. 161.
[86] B. Castilla, "A propósito de *El segundo sexo…*", p. 406.

Esto mismo la alejó profundamente de un posible camino hacia la complementariedad entre los sexos, un camino que, no obstante, era para ella el único que permitiría que ambos sexos se realizaran plenamente en el amor. Simone de Beauvoir vislumbró que sólo podría existir una relación verdaderamente humana cuando ambos, varón y mujer, se reconocieran a sí mismos como sujetos iguales, capaces de autonomía y trascendencia. Éste pudo haber sido el comienzo de una caracterización positiva y afirmativa de la mujer. Pero Beauvoir nunca reconoció una aportación original de la feminidad a la humanidad. Propuso, en cambio, que cuanto más se afirmaran las mujeres como seres humanos, más moriría en ellas la feminidad. Y esto desde luego compromete cualquier discurso sobre una posible complementariedad e interdependencia entre los sexos.

Por su lado, Moeller criticó duramente que la comprensión de la trascendencia y de la inmanencia en *El segundo sexo* fuese rígidamente unívoca, lo cual obligó a Simone de Beauvoir a enmarcar la trascendencia únicamente en los límites de los proyectos humanos de la libertad, "pero la ve siempre bajo el signo de la acción exterior, enfrentada con las cosas para transformarlas".[87] Esto es sin duda una herencia del existencialismo sartriano, que rechaza radicalmente todo tipo de vida interior. Sin embargo, dicha perspectiva adolece de una visión positiva de la intimidad. Cualquier tipo de inmanencia es sospechosa para Beauvoir, pues la considera siempre una caída de la libertad en el objeto. En consecuencia, "no llega a ver que esta libertad existe también en la mujer y, sobre todo, que puede asumir perfectamente, e incluso supone otro tipo de actuación, el de la verdadera inmanencia, es decir, el de la interioridad espiritual".[88]

Queda claro, entonces, que Simone de Beauvoir abrió nuevas perspectivas en el estudio de la mujer. Lo enmarcó en un contexto humanista. Con lo cual –quizás sin darse cuenta– su obra nos hace ver que no tiene mucho sentido saber quién es la mujer si no sabemos quién es el varón. Para profundizar en sus diferencias para poder

---

[87] Charles Moeller, *idem*, p. 241.

[88] *Ibid.*, p. 242. Valdría la pena preguntarnos, junto con Moeller, si esta comprensión de la inmanencia como sinónimo de pasividad es correcta. ¿No podría ser, en cambio, que la inmanencia nos abre a la actividad de un modo distinto? Volveré sobre este punto más adelante.

descifrar la identidad femenina habrá que definir primero lo que significa ser persona, pues ésta es la realidad primaria y decisiva de su común humanidad. Ahora bien, un estudio abstracto del ser humano puede, ciertamente, fundamentar la igualdad entre los sexos, pero no puede decir nada acerca de su condición sexuada. En este sentido, el existencialismo de Beauvoir no basta para dar cuenta satisfactoriamente de la diferencia sexual y, en consecuencia, no puede abarcar del todo la pregunta sobre la mujer.

2.3. Judith Butler

2.3.1. La subversión del feminismo

Para comprender a la siguiente autora es necesario hacer una pausa y reubicarnos en el contexto contemporáneo. Nos adentramos ahora en las líneas sobre las que se están escribiendo las políticas mundiales de los derechos humanos. La filosofía sobre la que hablaremos a continuación carece de perspectiva, precisamente por haberse desarrollado en años recientes. Sin embargo, su impresionante influencia ha marcado el curso de nuestros discursos políticos y filosóficos desde sus inicios en la década de los noventa del siglo pasado. Podríamos hablar de ella como un ejemplo nítido del alcance práctico que tiene la argumentación filosófica pues ciertamente ha brindado los cimientos para los cambios de pensamiento tan radicales que ocurren actualmente en el mundo. Cualquier análisis antropológico serio requiere, en el presente, de un conocimiento profundo de estas nuevas propuestas, so pena de quedarse al margen de la evidente transformación política y social que han provocado.

Para ubicarnos, digamos primero que a mediados de los años ochenta comenzó a formarse una *tercera ola del feminismo*,[89] que

---

[89] Cfr. Carolyn Bronstein, "Representing the Third Wave: Mainstream Print Media Framing of a new Feminist Movement", en *Journalism and Mass Communication Warterly*, núm. 82/4, 2005, p. 784.

surgió como una reacción al estereotipo caracterizado por el feminismo de la diferencia, el cual expusimos en el primer capítulo. Esta tercera ola se consolidó en los años noventa con el fuerte reclamo de muchas feministas que buscaban más apertura hacia una pluralidad cultural, racial y sexual, en la que pudieran tener voz las mujeres negras, las lesbianas y las latinas. El estereotipo que caracterizó a la segunda ola era poco fl xible y parecía dejar a un lado aquellas minorías de mujeres, cuyos derechos permanecían olvidados. Una descripción objetiva de los múltiples movimientos que conforman esta tercera ola del feminismo es difícil de realizar, y supera los alcances de esta investigación, sin embargo podemos aceptar, como un dato común a todos ellos, el contexto posmoderno en el que se hallan entrelazados. La posmodernidad rechaza cualquier concepto que sugiera universalidad o tenga tintes de esencialismo, razón por la cual la mayoría de los movimientos feministas contemporáneos apuestan por la deconstrucción de conceptos estables como el género, el sexo, el sujeto y la identidad. Si el feminismo de los sesenta trasladó la polémica naturaleza-cultura a la de sexo-género, nos enfrentamos ahora a una línea de pensamiento que presenta también el sexo como un constructo cultural. Para este vasto número de corrientes fragmentadas y dispersas no hay naturaleza y el objeto mismo del feminismo –la mujer– se ha convertido en un concepto confuso y vacío. Todo esto explica el que muchas veces se denomine a este conjunto de teorías *posfeminismo*.

En el mundo académico no son pocos quienes han desprestigiado los fundamentos filosóficos del nuevo movimiento por considerarlos ambiguos y, en no pocas ocasiones, incongruentes.[90] Aun así el posfeminismo ha tocado puerta en las vidas de miles de personas, modificando su manera de comprenderse a sí mismos y el mundo que les rodea. En palabras de Ángeles Padilla:

---

[90] Cfr. Elaine J. Hall y Marnie Salupo, "The Myth of Postfeminism", en *Gender and Society,* núm. 17/6, 2003, pp. 878-902; Shannon Houvouras y J. Scott Carter, "The F Word: College Students' Definitions of a Feminist", en *Sociological Forum*, núm. 23/2, 2008, pp. 234-256; Robin Wiegman, "Feminism´s Apocalyptic Futures", en *New Literary History*, núm. 31/4, 2000, pp. 805-825.

No pocos académicos consideran que la base teórica de la tercera ola del feminismo tiene demasiadas ambigüedades y múltiples fracturas ideológicas que lo hacen demasiado vulnerable para llegar a consolidarse en un futuro mediano; a pesar de ello, hoy por hoy, el posfeminismo tiene fuertes repercusiones, porque no sólo ha logrado efectuar un cambio teórico de la posición que ocupan las mujeres –y los hombres– en nuestro mundo, sino que ha puesto en tela de juicio la estabilidad de los sujetos y la construcción de las identidades, con un gran efecto en el *modus vivendi*, en la legislación y en las políticas de muchas comunidades y regiones geográfica .[91]

En términos académicos, el posfeminismo ha sido también denominado *ideología de género*. Ésta sostiene, a grandes rasgos, que la heterosexualidad es un constructo cultural, y niega tanto la naturaleza humana como el modo binario (varón/mujer) de comprender la sexualidad. Para el posfeminismo la noción de "género" es ideológica, pues fuerza a una elección binaria de la identidad sexual, con el fin de preservar el orden hegemónico tradicional. Sus teóricos defienden que esto ha limitado las infinitas posibilidades que tiene el ser humano de crearse a sí mismo. Ante todo se afi ma que los términos "sexo" y "género" han servido para excluir de la sociedad a aquellos individuos que no cumplen con las normas culturalmente aceptadas de la heterosexualidad. Por eso el objetivo principal de la ideología de género es eliminar por completo las diferencias sexuales, a fin de que todos los seres humanos puedan participar plenamente de una vida en sociedad. Como subconjunto de la ideología de género aparece también, en este contexto, la famosa teoría *queer*.[92] Sus alcances

---

[91] María de los Ángeles Padilla, *La mística de la feminidad de Betty Friedan y El género en disputa de Judith Butler: dos textos emblemáticos del siglo XX,* tesis doctoral, México, Universidad Panamericana, 2014.

[92] El término *queer* (raro, anómalo) refie e a todo lo que es excéntrico y no convencional. Hasta la década de los ochenta esta palabra tenía una connotación negativa en Estados Unidos. Se utilizaba para designar, de manera peyorativa, a los homosexuales y a los transexuales. Sin embargo, hoy el término tiene otra connotación que, a fuerza de repetición, se ha convertido en la bandera de los grupos exponentes del posfeminismo. Es sugerente la elección del término, que en inglés se contrapone a la palabra *straight* (correcto), empleada también para designar los roles heterosexuales como conductas moralmente aceptadas por la sociedad. El grupo Queer Nation de Nueva York acuñó el término en 1990, con el famoso lema:

teóricos son similares, pero tiene una notable diferencia: busca una alta visibilidad de las personas no heterosexuales para manifestar públicamente su posición disruptiva y romper definitivamente con los modelos de Occidente. Al igual que la ideología de género, niega rotundamente que los roles sexuales sean esenciales, lo cual implicaría que el sexo biológico no tiene un significado definitorio para la identidad. Desde estos presupuestos, ambas filosofías pretenden concluir que no existe razón alguna para dividir a la humanidad en dos géneros. En realidad habría tantos géneros como personas, por lo cual las categorías de varón, mujer, heterosexual, homosexual, etc. no tienen ningún sentido.

Es interesante que la ideología de género se haya traducido en una auténtica subversión del movimiento feminista de la primera y la segunda olas. Recordemos que estos primeros movimientos lucharon por conquistar una igualdad de oportunidades entre varones y mujeres. Incluso para Simone de Beauvoir todo el planteamiento se sostenía en una premisa fundamental: el reconocimiento de las diferencias sexuales, a partir de las cuales habría que defender la dignidad de ambos sexos. Con el paso de los años, el feminismo se entremezcló con posturas más radicales que comenzaron a cuestionar dicha premisa. En el seno de los estudios lésbico-gay de los años ochenta, algunas voces discutían la posibilidad de que no sólo el género, sino también el sexo fuera una construcción cultural.

Estas ideas sin embargo carecían de un sólido edificio filosófico que las sustentase, por lo cual dichos estudios no eran considerados auténticamente académicos. Finalmente, en 1990 se publicó un libro que sentó las bases para fundamentar la ideología de género y revolucionar la historia del feminismo de un modo radical. Su autora, Judith Butler, era prácticamente desconocida hasta ese momento, pero pronto llegó a convertirse en la teórica feminista más citada de la década de los noventa. *El género en disputa* –uno de los libros más influyentes del siglo XXI– transformó la cuestión de la

---

"We're queer, we're here. Get used to it" ("Somos raros, estamos aquí. Acostúmbrense"). Este grupo luchaba contra la homofobia y buscaba la aceptación libre e incondicional de todas las preferencias sexuales. Cfr. Rosemary Hennessy, "Queer Visibility in Commodity Culture", en *Cultural Critique*, núm. 29, 1994-1995, pp. 35-36.

homosexualidad en un estudio de gran calibre.[93] El centro de la argumentación de la libertad de ejercicio cambió hacia la identidad del sujeto, con lo cual transportó la cuestión hacia el corazón del postestructuralismo y la filosofía del lenguaje. El título completo de la obra –*El género en disputa. El feminismo y la subversión de la identidad*– es ilustrativo, pues revela lo esencial del posfeminismo de la tercera ola. Lo que se ha puesto en duda, fundamentalmente, es la identidad del sujeto y, en consecuencia, la explicación del género como realización cultural de un sexo biológico recibido. Ángeles Padilla pone la mira en la sugerente elección del concepto de subversión, elegido por Butler para el título de su obra. Proveniente del latín *subvertêre*, "evoca la idea de una alteración, un daño, en el que una realidad se trastorna o sufre algún tipo de destrucción".[94] Esto es precisamente lo que busca la filósofa postestructuralista al proponer la deconstrucción del género y del sexo como una auténtica subversión del feminismo y, más hondamente, de la identidad:

> *El género en disputa* logró cambiar, en no pocos círculos intelectuales y académicos, la percepción que se tenía, hasta entonces, sobre la cuestión de la homosexualidad, considerada como un tema de interés para unas cuantas personas que mostraban inclinaciones sexuales poco convencionales, para convertirse en una *evidencia* de la propuesta butleriana sobre la inestabilidad entitativa del sujeto, una inestabilidad que se traduce en la imposibilidad de una determinación sexuada, en la capacidad para lograr la subversión de la identidad del sujeto. En otras palabras: la homosexualidad dejó de ser un asunto que atañía a unos cuantos en virtud de su preferencia sexual, para convertirse en una *prueba* en contra del carácter estable y sustancial del sujeto, carácter tradicionalmente sostenido antes de la posmodernidad.[95]

El género en disputa es considerado el texto fundador de la teoría *queer* por haber presentado por primera vez estas ideas de un modo

---

[93] Cfr. Judith Butler, *El género en disputa: el feminismo y la subversión de la identidad,* Buenos Aires, Paidós, 2007.

[94] María de los Ángeles Padilla, *La mística de la feminidad de Betty Friedan…*, p. 200.

[95] *Ibid.*, p. 209.

articulado y desde un enfoque filosófico serio. Para el décimo aniversario de su publicación ya había sido traducido a más de una decena de idiomas. La misma Butler confiesa, en el prefacio de la segunda edición, que nunca imaginó que el texto tendría tan buena acogida, "ni que constituiría una 'intervención' provocativa en la teoría feminista, y sería citado como uno de los textos fundadores de la teoría *queer*".[96] A pesar de todas las controversias que levanta, y la complejidad metodológica en el estilo,[97] *El género en disputa* ha superado las 100 000 copias, lo cual ha hecho de Judith Butler una de las filósofa más reconocidas y polémicas en la actualidad. Entre los varios reconocimientos que ha recibido, quizás el más importante sea el prestigioso premio Adorno, que se le otorgó en la ciudad de Frankfurt en 2012. Por lo mismo, en un corto periodo de tiempo, *El género en disputa* se ha convertido en uno de los libros más influ entes del siglo XXI:

> De esta forma, *El género en disputa* sienta las bases suficie tes para que la ideología de género pueda consolidarse, puesto que, según su discurso, la identidad sexual (o de género) es resultado de una mera construcción social y, por tanto, no existe un dato sexual esencial o biológicamente inscrito en la naturaleza humana, ya que el sexo, según Butler, que da continuidad al pensamiento foucaultiano, es prediscursivo. Podemos decir, con otras palabras, que para Butler el sexo es una asignación previa que realiza el aparato cultural, al dar un significado específi o a un cuerpo cuya superficie es *neutra* y que puede, por ello, recibir distintos significado , en tanto que el género es el medio discursivo, empleado por ese mismo aparato cultural para producir, artificialme te, un sexo que tiene *apariencia* de ser natural.[98]

---

[96] J. Butler, *El género en disputa...*, p. vii.

[97] J. Butler ha sido fuertemente criticada por la complejidad de su estilo. Tiene fama de ser poco clara, y su prosa ha sido calificada de impenetrable. Se le critica también el uso metodológicamente disruptivo que hace de su teoría. Sin embargo, Butler acepta expresamente las contradicciones que se le señalan, y sostiene que este estilo es reflejo de la indeterminación a la que desea llegar. Por ser un instrumento de opresión, también el lenguaje exige ser *desnormativizado*: "Aprender las reglas que rigen el discurso inteligible es imbuirse del lenguaje normativizado, y el precio que hay que pagar por no conformarse a él es la pérdida misma de inteligibilidad". Butler, *El género en disputa...*, p. 22.

[98] María de los Ángeles Padilla, *op. cit.*, p. 211.

2.3.2. Ideas guía en *El género en disputa*

Para comenzar, adelantemos unos argumentos que bien pueden responder a la pregunta: ¿qué fue lo que hizo que *El género en disputa* se convirtiera en el detonante definiti o y en el referente teórico de los estudios de género, de la cuestión lésbico-gay y de la teoría *queer*? Podríamos resumir esta respuesta en tres tesis principales, que servirán como guía para el análisis posterior. En primer lugar, Butler cuestiona la categoría de "sujeto" como una realidad estable para poner en duda la identidad personal, afi mando que es pura fantasía, algo que está en constante devenir y que no tiene raíz ni permanencia. En segundo lugar afi ma que el género no es más que un *efecto*, fruto de una producción discursiva que ha dado a la relación binaria varón/mujer la apariencia de ser natural. En este escenario, sexo y género son sólo fi ciones reguladoras que refuerzan los regímenes de poder de la opresión heterosexista. Por último, para Butler también el cuerpo está construido políticamente, lo cual define el sexo como una mera determinación social. Antes de entrar a cabalidad en estos argumentos es importante mencionar que este libro se escribió con la intención de socavar los supuestos que definen la masculinidad y la feminidad como formas de jerarquía y exclusión. Su fin es legitimar todas las posibles prácticas e identidades sexuales que no suelen ser reconocidas en el ámbito de lo coherente y culturalmente aceptado y que, por ello, se vuelven vidas *ininteligibles* pertenecientes a un mundo *abyecto*. Como la misma autora afi ma, su obra intelectual es el fruto de una incansable búsqueda de legitimación de las prácticas de género minoritarias, y un ardiente intento por abrir nuevas posibilidades y nuevas formas de vida:

> La intención de *El género en disputa* era descubrir las formas en las que el hecho mismo de plantearse qué es posible en la vida con género queda relegado por ciertas presuposiciones habituales y *violentas*. El texto también pretendía destruir todos los intentos de elaborar un discurso de verdad para deslegitimar las prácticas de género y sexuales minoritarias. Esto no significa que todas las prácticas minoritarias deban ser condenadas o celebradas, sino que debemos poder analizarlas antes de llegar a alguna conclu-

sión. Lo que más me inquietaba eran las formas en que el pánico ante tales prácticas las hacía impensables. ¿Es la disolución de los binarios de género, por ejemplo, tan monstruosa o tan temible que por definición se afirme que es imposible, y heurísticamente quede descartada de cualquier intento por pensar el género?[99]

El objetivo, entonces, no es recomendar una nueva forma de vida con género, que más tarde pudiera convertirse en un modelo para los lectores del texto. El objetivo es abrir las posibilidades para el género, "sin precisar qué tipos de posibilidades debían realizarse".[100] Un planteamiento así podría parecer ambiguo, en tanto lo único que queda claro es la no aceptación del modelo tradicional varón-mujer, pero la ambigüedad es una de las herramientas que Butler utiliza para destruir la oposición que existe, según ella, entre las vidas *vivibles* (concepto ligado a la normatividad) y las vidas *ininteligibles* (que no se ajustan a las normas de género culturalmente aceptadas). Estas últimas no tienen reconocimiento social, son vidas invisibles y segregadas, pues, de acuerdo con Butler, "las personas sólo se vuelven inteligibles cuando poseen un género que se ajusta a normas reconocibles de inteligibilidad de género".[101] De esta manera, lo que se busca es re-describir las opciones que ya existen, "pero que existen dentro de campos culturales calificados como culturalmente ininteligibles e imposibles".[102]

Butler no ha negado nunca que su trabajo intelectual proviene no sólo de la academia, sino de la necesidad de legitimar su propia vida sexual. Según su narración autobiográfica, creció entendiendo algo sobre la violencia de las normas de género, tras su "propia y tempestuosa declaración pública de homosexualidad a los 16 años"[103] y la experiencia desgarradora de un tío que fue encarcelado en Kansas por tener un cuerpo anatómicamente anómalo. Estas y otras experiencias la marcaron tan profundamente que decidió dedicar toda su labor intelectual a erradicar la violencia que genera el concepto de

---

[99] J. Butler, *El género en disputa…*, pp. 8-9. Las cursivas son de la autora.
[100] J. Butler, *op. cit.*, p. 9.
[101] *Ibid.*, p. 70.
[102] *Ibid.*, p. 288.
[103] J. Butler, *op. cit.*, p. 23.

género como una realidad fundamentada en una morfología natural, y que ofrece motivos para calificar como inaceptables las diversas expresiones de género que pueden llegar a darse:

> El empeño obstinado de este texto por *desnaturalizar* el género tiene su origen en el deseo intenso de contrarrestar la violencia normativa que conllevan las morfologías ideales del sexo, así como de eliminar las suposiciones dominantes acerca de la heterosexualidad natural o presunta que se basan en los discursos ordinarios y académicos sobre la sexualidad. Escribir sobre esta desnaturalización no obedeció meramente a un deseo de jugar con el lenguaje o de recomendar payasadas teatrales en vez de la política "real", como algunos críticos han afi mado (como si el teatro y la política fueran siempre distintos); obedece a un deseo de vivir, de hacer la vida posible, y de replantear lo posible en cuanto tal.[104]

Así, *El género en disputa* nace de un propósito claro: la concepción de género, como una realidad fundamentada en un sexo natural, debe ser erradicada, pues provoca violentos motivos para descalificar como ininteligibles las vidas de aquellas personas que no se ajustan a la constante cultural. Una vida de exclusión –forjada por las normas de género– difícilmente puede ser considerada vida. Por eso este libro está escrito como parte de la vida cultural "de un combate colectivo, que ha tenido y seguirá teniendo éxito en la mejora de las posibilidades de conseguir una vida llevadera para quienes viven, o tratan de vivir, en la marginalidad sexual".[105]

2.3.3. Cuerpos que importan

La noción de cuerpo en Judith Butler es una de las más polémicas y complejas de todo su pensamiento. He dicho que para la filósofa postestructuralista el género no es natural, lo cual implica que no

---

[104] J. Butler, *idem.*, p. 24. En este texto encontramos una de las ideas más usadas por Butler a lo largo de toda su obra: el concepto de violencia, asociado con frecuencia a una vida de exclusión, forjada por las normas de género.

[105] J. Butler, *op. cit.*, pp. 32-33.

existe una relación de continuidad entre el cuerpo y el género. ¿Qué significa esto realmente? ¿Qué significa que no hay una identidad de sexo/género originaria? Significa que los géneros no son ni verdaderos ni falsos. Son *efectos*, productos de discursos sobre supuestas identidades primarias y estables. El sexo biológico es una producción que crea el efecto de lo natural y originario, pero es tan construido como el género. Porque, como explica María Luisa Femenías, "si la naturalidad está constituida por actos realizativos, que constriñen discursivamente y que producen el cuerpo a través y dentro de las categorías normativas del sexo, el uso de 'género' como diferente de 'sexo' es superfluo y la distinción género-sexo es innecesaria".[106] Pero, entonces, ¿qué nos dice el cuerpo? Si no es natural, ¿por qué medios se produce el sexo? Para Butler, el sexo no depende ni de la biología ni de la anatomía, sino que es *histórico*, y el discurso científi o ha incidido en su construcción. En este sentido, el sexo binario no puede ser lo que la persona dice que *tiene* o *es*. Tampoco es algo prediscursivo y anterior a la cultura. Es, precisamente, su resultado, y por ello mismo no puede ser políticamente neutro. Desde esta perspectiva se habrían equivocado todas las teóricas feministas que afi man que el género es una interpretación cultural del sexo (como Margaret Mead y Simone de Beauvoir, por ejemplo), pues el sexo mismo ya es una construcción, una determinación social.

En 1993, Butler publicó un libro titulado *Bodies that Matter*,[107] en el cual aborda el problema de cómo la tradición cultural de Occidente ha construido jerárquica y binariamente los cuerpos sexuados. Propone dos tesis centrales con las cuales pretende también esclarecer las ideas presentadas en *El género en disputa*, tres años antes. La primera tesis controversial es que la materia debe entenderse como un efecto del poder –en realidad, como su efecto más productivo–. Sí, lo que constituye la permanencia del cuerpo es lo material, pero

---

[106] Femenías, *Sobre sujeto y género...*, p. 190.

[107] Cfr. Judith Butler, *Bodies that Matter. On the Discursive Limits of "sex" (Cuerpos que importan. Sobre los límites materiales y discursivos del "sexo")*, Buenos Aires, Paidós, 2002. He conservado el título en el idioma original pues el inglés permite aquí un interesante juego de palabras. La palabra *matter* se traduce por el verbo *importar*, pero también por el sustantivo *materia o materialidad. Bodies that Matter*: cuerpos que importan, cuerpos y materialidad.

el esencialismo se ha equivocado al suponer que el sexo es previo a la cultura, es decir, que la materia está prelingüísticamente *dada*. La segunda tesis es que no hay una identidad estable que explique las expresiones de género. Por el contrario, la identidad se construye, se hace a través de esas mismas prácticas que se dice son su resultado. Hay que pensar el género fuera de las categorías de la *metafísica de la sustancia*. En el fondo se trata de deconstruir la noción regulada de cuerpo natural y prelingüístico. ¿Para qué? Para ampliar el espacio simbólico y signific tivo de los cuerpos valorados en el mundo. Todo esto quiere decir que la materialidad de los cuerpos sexuados es histórica, y ha sido atravesada por los discursos hegemónicos sobre la sexualidad:

> El sexo que se afi ma previamente a la construcción, y en virtud de esto mismo, se convierte en el efecto de esa misma afi mación, es la construcción de una construcción. [...] Es necesario retornar a la noción de *materia* e historiar el proceso de la materialización, que se estabiliza a través del tiempo para producir el efecto de límite, fijeza y supe ficie que llamamos m teria.[108]

La herencia postestructuralista de Butler es aquí evidente porque el lenguaje es *performativo*, el cuerpo está siempre lingüísticamente construido, y ¿qué significa en Butler que la materialidad del cuerpo está construida por el lenguaje? No significa, evidentemente, que el lenguaje causa u origina los cuerpos. Significa, más bien, que es imposible hacer referencia a un cuerpo puro, pues toda referencia a un cuerpo es ya, al mismo tiempo, una construcción lingüística del mismo. Butler afi ma que no es posible referirse a un cuerpo *neutro*, puesto que el lenguaje referencial es siempre, en cierto grado, performativo:

---

[108] J. Butler, *Cuerpos que importan...*, p. 5. Es ilustrativa la respuesta que Femenías elabora, en boca de Bulter, a la siguiente objeción: "El escéptico agregaría que los cuerpos son previos porque viven y mueren, sufren y gozan, duermen y despiertan, todos ellos 'hechos' no construidos artificiale . Aun así, responde Butler, sólo significand , dando significad , es decir, ejerciendo una práctica discursiva, esos 'hechos' existen en tanto lo que son. En esa medida son constructos artificiales y por tanto prescindibles, aunque constitutivos de los 'hechos' porque no podemos operar sin ellos". Femenías, *Sobre sujeto y género*, p. 200.

Admitir el carácter innegable del sexo o su materialidad, siempre es admitir cierta versión del "sexo", cierta formación de su "materialidad". El discurso en el cual y a través del cual se hace esta concesión –y si esta concesión invariablemente se hace–, ¿no es acaso formativo del fenómeno mismo que admite? Afi mar que el discurso es formativo no equivale a decir que origina, causa o compone exhaustivamente aquello que concede; antes bien significa que no hay ninguna referencia a un cuerpo puro que no sea al mismo tiempo una formación adicional de ese cuerpo.[109] Siendo *discursivo* a la vez que *perceptual*, el sexo denota un régimen epistémico históricamente contingente, un lenguaje que crea la percepción al estructurar a la fuerza las interrelaciones mediante las cuales se advierten los cuerpos físicos.[110]

Es importante aclarar estas ideas para evitar una ridiculización del pensamiento de la autora. Butler no está negando que haya una realidad extralingüística y ontológicamente independiente. Lo que niega es que haya una posibilidad de acceso a dicha realidad. Esto quiere decir que el lenguaje define el modo en el que tal realidad se nos aparece. La materialidad es, entonces, un efecto de la signific -ción. Femenías afi ma, incluso, que la posición de Butler implica algo más fuerte que la concepción de que el lenguaje siempre condiciona nuestro conocimiento. Lo que ella pone a debate es "la prioridad lógico-ontológica del lenguaje respecto de la 'realidad', sea ésta lo que fuere, y la dependencia de ésta respecto de aquél".[111] ¿Hay un cuerpo físico anterior al cuerpo lingüísticamente construido y percibido? Para Butler, ésta es una cuestión imposible de decidir.

Sobre el problema de la materialidad del cuerpo como efecto de un poder, que es inseparable de las normas regulativas que gobiernan su materialización y significación, Femenías añade que, en principio, "Butler adopta la concepción de que sexo y poder son coextensivos, y que los discursos hegemónicos in-forman los cuerpos binariamente sexuados como un efecto violento del poder".[112] Esto

---

[109] J. Butler, *Cuerpos que importan...*, pp. 31-32.
[110] J. Butler, *El género en disputa...*, p. 230.
[111] Femenías, *Sobre sujeto y género...*, p. 208.
[112] Femenías, *op. cit.*, pp. 208-209.

quiere decir que la sexualidad se construye en la cultura como un sistema de relaciones de poder, en donde resulta imposible política y culturalmente hablar de una sexualidad anterior al poder. La materialidad del cuerpo no puede explicarse, entonces, sin la materialización de sus normas regulatorias, y el género es el signo mismo de dicha normatividad. En consecuencia, el sexo no es simplemente algo que *se es* –varón o mujer–, sino aquello que "califica al cuerpo de por vida para inscribirlo en el dominio de la inteligibilidad cultural. La materia del género es anterior a la emergencia del sujeto, porque cuando no se está generizado *apropiadamente* se pone en duda la propia humanidad y sus valores constitutivos".[113] Se trata de una operación de diferenciación que produce cuerpos humanos y cuerpos abyectos, aquellos que no importan desde un discurso hegemónico y que, por tanto, están excluidos de los principios de inteligibilidad. Los cuerpos abyectos se definen por su exclusión, al punto de no ser ontológicamente materiales, puesto que no tienen existencia normativa (y la ontología depende del plano discursivo):

> La *humanización* es un proceso, tal como lo es la *abyectización*, en el que, de alguna manera, se combinan abyección y normatividad. Según Butler, esta combinación abre al menos dos posibilidades diferentes. Por un lado, los discursos ciertamente viven en los cuerpos: los cuerpos los alojan. […] Por otro lado, debemos preocuparnos por el modo en que el discurso *representa* y *autorrepresenta* los cuerpos. El discurso no depende referencialmente de la ontología, sino a la inversa, la ontología depende referencialmente del discurso. Tal es el caso –según Butler– de la constitución de las identidades genéricas en *Gender Trouble*.[114]

Para Butler, entonces, el cuerpo no es más que una superficie neutra, cuya significación contingente se ha desarrollado discursivamente a través de la segregación y exclusión, como fruto de una construcción lingüística y cultural. Admitir el carácter innegable del sexo o su materialidad es, para Butler, admitir *cierta* versión del sexo, cierta *formación* de su materialidad. En definiti a, es imposible hacer

---

[113] *Ibid.*, pp. 210-211.
[114] *Ibid.*, p. 185.

referencia a un cuerpo puro, previo a la significación que le ha sido conferida culturalmente.

2.3.4. Sexo, género y lenguaje

He dicho antes que la gran destreza de Judith Butler consistió en traspasar el polémico debate entre naturaleza y cultura al ámbito de la filosofía del lenguaje, es decir, a la clásica problemática de la teoría de la representación. La tesis central de *El género en disputa* es que el género no es más que una construcción lingüística. Si existen "varón" y "mujer" es porque nuestro lenguaje y nuestras estructuras lingüísticas son binarios. Lo importante para Butler no es la esencia, sino la interpretación. El sexo biológico es trivial, porque la diferencia de género no es más que la interpretación cultural que se ha hecho de la sexualidad. En el fondo no hay estructuras fijas ni modelos de la naturaleza. Todo es interpretación, y su condición de posibilidad es el lenguaje:

> No considero que el postestructuralismo conlleve la desaparición de la escritura autobiográfica, aunque sí llama a atención sobre la dificultad del *yo* para expresarse mediante el lenguaje, pues este *yo* que los lectores leen es, en parte, consecuencia de la gramática que rige la disponibilidad de las personas en el lenguaje. No estoy fuera del lenguaje que me estructura, pero tampoco estoy determinada por el lenguaje que hace posible este *yo*. Este es el vínculo de autoexpresión, tal como lo entiendo. Lo que significa que usted, lectora o lector, no me recibirá nunca separada de la gramática que permite mi disponibilidad con usted. Si trato esa gramática como algo de claridad meridiana, entonces no podré despertar su interés por esa esfera del lenguaje que establece y desestablece la inteligibilidad, y eso equivaldría precisamente a tergiversar mi propio proyecto tal como lo he descrito para los lectores aquí. No es mi intención ser difícil, sino dirigir la atención hacia una dificultad sin la cual ningún *yo* puede aparecer.[115]

---

[115] Judith Butler, *El género en disputa…*, p. 30.

Judith Butler parte del horizonte postestructuralista. Podemos rastrear la raíz de su pensamiento hasta las tesis de Ferdinand de Saussure (1857-1913), lingüista suizo que advirtió que el lenguaje no se aprende con diccionarios y gramática, sino por *estructuras*.[116] Lo mismo para Claude Lévi-Strauss (1908-2009), quien además añadió la conclusión de que cada cultura tiene determinadas estructuras que dotan de sentido al lenguaje.[117] En última instancia, para el postestructuralismo el lenguaje no es una serie de definiciones y reglas, sino de estructuras. Lo cual quiere decir, de un modo muy profundo, que *la cultura es lenguaje*. Lenguaje entendido no como una "etiqueta" que simplemente nombra una cosa, sin modifica la. Todo lo contrario. Para el postestructuralismo, el lenguaje es performativo. Esto quiere decir que, más allá de etiquetar, crea las cosas conforme las va nombrando, lo que permite que se convierta en un instrumento de dominio, lo cual explica que para Butler el lenguaje no sea algo trivial. De un modo constitutivo, el sujeto no puede estar fuera del lenguaje que lo estructura, aunque tampoco está determinado por el lenguaje que hace posible el *yo*: "El acto discursivo es a la vez algo ejecutado [*performed*] (y por tanto teatral, que se presenta ante un público y sujeto a interpretación) y lingüístico, que provoca una serie de efectos mediante su relación implícita con las convenciones lingüísticas".[118] El lenguaje es constitutivo y limitante. Nunca puede realmente representar con objetividad lo que desea significa . Podríamos decir, incluso, que el lenguaje no es representativo, porque no hay realidad que representar. Más bien determina y, en este sentido, es el principal instrumento performativo que explica las nociones de género y sexo como normas de inteligibilidad socialmente instauradas y perpetuadas.

Que el lenguaje no pueda representar la realidad tiene múltiples consecuencias. La primera –fundamental para sostener todo el andamiaje de la teoría butleriana– es que la identidad del sujeto, y todo lo que puede decirse acerca de éste, no es más que una

---

[116] Cfr. Ferdinand de Saussure, *Curso de lingüística general*, Barcelona, Planeta Agostini, 1993.

[117] Cfr. Claude Lévi-Strauss, *El pensamiento salvaje,* México, FCE, 1964.

[118] Butler, *op. cit.,* p. 31.

apariencia de realidad que los diversos modelos epistemológicos han tomado como su punto de partida: "Claramente, las identidades pueden aparecer como sustantivos inertes; en efecto, los modelos epistemológicos tienden a tomar esta apariencia como su punto de referencia teórico".[119] En *El género en disputa*, Butler pretende rastrear la construcción de los "procesos ocultos" que han producido la generación de la subjetividad, ya que éstos dan razón de que la identidad se asuma dentro de un sexo y un género. En el fondo, para Butler la identidad del sujeto es siempre fi ticia, lo cual le permite afi mar –tesis principal de su obra– que la idea de que el sexo es una sustancia (es decir, que conlleva cierta estabilidad unida a una forma natural de ser) es fruto de un lenguaje hegemónico, que ha regulado los atributos que se alinean con la coherencia culturalmente aceptada de heterosexualidad. Las consecuencias de un planteamiento así son muy profundas, pues de un modo radical, para Butler es imposible *ser* de un sexo o género. Contrario a una concepción metafísica que consideraría que hay una persona sustantiva, Butler afi ma que el ser de la persona siempre es relativo a las relaciones construidas que la definen. Y los ejemplos de personas que no encajan en este discurso cultural hegemónico –que establece los límites aceptables tanto para el género como para el sexo– son la prueba de que se trata de una realidad construida:

> En la medida en que la *identidad* se preserva mediante los conceptos estabilizadores de sexo, género y sexualidad, la noción misma de "la persona" se pone en duda por la aparición cultural de esos seres con género *incoherente* o *discontinuo* que aparentemente son personas, pero que no se corresponden con las normas de género culturalmente inteligibles mediante las cuales se definen las persona .[120]

Todo género es, por tanto, innatural. Es algo que hacemos, no algo que somos. Y aquellas identidades de género que no se ajustan al modelo de heterosexualidad natural y obligatoria demuestran que

---

[119] *Ibid.*, p. 184.
[120] J. Butler, *op. cit.*, pp. 71-72.

no existe una "verdad" sobre el sexo, sino que ésta se ha creado a través de una matriz de reglas coherentes de género, que han creado la ilusión de que existe cierta continuidad entre sexo, género, práctica sexual y deseo. Sin embargo, cuando se teoriza la condición construida del género como algo completamente independiente del sexo se descubre que también este último es una construcción cultural, con la consecuencia de que la distinción entre género y sexo no existe como tal:

> Cuando la condición construida del género se teoriza como algo completamente independiente del sexo, el género mismo pasa a ser un artificio ambiguo, con el resultado de que *hombre y masculino* pueden significar tanto un cuerpo de mujer como uno de hombre, y *mujer y femenino* tanto uno de hombre como de mujer. […] Si se refuta el carácter invariable del sexo, quizás esta construcción denominada sexo esté tan culturalmente construida como el género; de hecho, quizás siempre fue género, con el resultado de que la distinción entre sexo y género no existe como tal.[121]

Desde luego, ante un planteamiento como éste surge la pregunta de quién es el responsable de construir ese aparato cultural. ¿Qué o quiénes construyen al sexo en una modalidad binaria? ¿Cómo se estableció, artificialme te, esta norma arbitraria de heterosexualidad? Más que un poder, Butler apela a una repetición de ideas o conceptos que crea el efecto de realidad. Se trata de una actuación reiterada, que *se hace* poder precisamente a causa de su persistencia e inestabilidad. Esto no debe entenderse como un proceso unilateral, causado por un agente. No es un proceso atribuible a ningún sujeto anterior, "porque si el género es algo construido, no lo es necesariamente por un *yo* o un *nosotros* que existan antes que la construcción, en ningún sentido espacial o temporal del término".[122] Como no hay una esencia natural que el género exprese, son los distintos actos de género los que producen dicho concepto. Así, "el género es una construcción que reiteradamente disimula su génesis".[123] ¿Cómo

---

[121] *Ibid.*, pp. 54-56.
[122] Judith Butler, *Cuerpos que importan…*, p. 25.
[123] J. Butler, *El género en disputa…*, p. 272

cuestionar, entonces, la supuesta identidad sustantiva y su heterosexualidad obligatoria? La respuesta de Butler es predecible: por medio de una repetición subversiva. Para la filósofa postestructuralista, cualquier acción posible debe acoger la dinámica del poder, que no puede ser retirado ni evitado, sino sólo *replanteado*. La parodia, en este sentido, es la única estrategia subversiva de repetición que podría desestabilizar las reglas de género. Porque, ¿cómo se construyen las identidades inteligibles, sino por medio de normas que operan a través de la repetición del lenguaje?

> La pérdida de las reglas de género multiplicaría diversas configuraciones de género, desestabilizaría la identidad sustantiva y privaría a las narraciones naturalizadoras de la heterosexualidad obligatoria de sus protagonistas esenciales: "hombre" y "mujer". La reiteración paródica del género también presenta la ilusión de la identidad de género como una profundidad inmanejable y una sustancia interior. Como consecuencia de una performatividad sutil y políticamente impuesta, el género es un *acto*, por así decirlo, que está abierto a divisiones, a la parodia y crítica de uno mismo o una misma, y a las exhibiciones hiperbólicas de "lo natural" que, en su misma exageración, muestran su situación fundamentalmente fantasmática.[124]

Estar sexuado significa, entonces, estar expuesto a un conjunto de reglas sociales que conforman todo principio de autointerpretación. Por medio de la repetición, estas normas gobiernan la identidad inteligible, articulándola sobre matrices de jerarquización de género y heterosexualidad obligatoria. De tal manera que cuando afimamos que un sujeto está constituido, eso sólo significa "que el sujeto es el resultado de algunos discursos gobernados por normas que conforman la mención inteligible de la identidad".[125] Ser sujeto es, entonces, un *efecto*, un mero producto del aparato de construcción cultural:

---

[124] *Ibid.*, p. 284.
[125] Butler, *El género en disputa…*, p. 282.

> De esta forma, Butler afi ma que la ontología de las sustancias además de un efecto artificia , es *esencialmente superflua*. Desde su perspectiva, las sustancias sólo son coherencias producidas de modo contingente, a través de la reglamentación de atributos y, partiendo de ello, se puede comprender que el género no sea un sustantivo. […] El género es, simplemente, un producto performativamente elaborado e impuesto por las prácticas reguladoras de coherencia de género.[126]

Como es evidente, el proyecto de Butler va mucho más allá de la reivindicación de los derechos de la mujer o de la integración de los homosexuales en el entorno social. Se trata de poner en tela de juicio la estabilidad originaria del sujeto, con el fin de lograr el reconocimiento social de cualquier práctica sexual. Para ello, Butler deconstruye las categorías de "varón" y "mujer", postulando que los cuerpos son sólo percepciones construidas discursivamente. Cuerpo, sexo, género y sujeto son productos de un poder hegemónico que ha instaurado la heterosexualidad natural y la relación binaria varón/mujer como aparentes fuentes de identidad. En realidad, es el mismo sujeto quien se otorga a sí mismo su significado, por lo que cada vida debería ser inteligible y habitable. Toda identidad de género puede ser subvertida a nuevas posibilidades, porque no hay una realidad subyacente que la determine. Que la ontología es superflua, ésta es, en el fondo, su tesis más importante.

2.3.5. Valoraciones críticas de la obra de Butler

Judith Butler es una autora viva, sobre la que aún no hay suficie te perspectiva que permita tener una visión de conjunto de su pensamiento. A pesar de ello es considerada una de las autoras más infl - yentes del siglo XXI, y toda la discusión actual sobre el género y la diferencia sexual sigue siendo, de algún modo u otro, un diálogo con Butler. Lines Padilla llama la atención sobre el hecho de que, a pesar de ser una autora cuyo pensamiento varios estudiosos han tratado

---

[126] María de los Ángeles Padilla, *La mística de la feminidad de Betty Friedan…*, p. 282.

de explicar, comparar y analizar, "se le refuta muy poco: las críticas que hemos podido encontrar en múltiples fuentes académicas son, en su mayoría, de académicos que desean rebatirla en algún aspecto concreto, pero que comparten y apoyan la generalidad de su pensamiento".[127] En general, podríamos afi mar que la mayoría de las críticas que ha recibido Judith Butler redundan en tres aspectos principales: su confuso estilo de escritura, su pobre argumentación para fundamentar ideas y su postura política. Entre las principales líneas de discusión que se han generado a partir de su planteamiento podemos destacar, por ejemplo, el debate sobre identidad y distribución que Butler sostuvo con Nancy Fraser a inicios del presente siglo acerca de las políticas de la identidad o del reconocimiento.[128] También fue relevante la discusión específica que se dio con Seyla Benhabib en torno a la posmodernidad, de la que hablaré líneas más adelante. Ahora hay también una mirada importante sobre la vulnerabilidad y la ontología de los cuerpos, en la cual Butler dialoga con Adriana Cavarero,[129] y no podemos dejar de mencionar la discusión latente en Latinoamérica sobre qué tanto nos sirven los planteamientos heredados del Norte, como la teoría *queer*.[130] Analizaremos aquí únicamente las tres críticas que considero principales para la cuestión que nos ocupa: la crítica de Martha Nussbaum, la de Toril Moi y la de Seyla Benhabib. Comencemos por la primera.

Una de las críticas más antagónicas y energéticas que ha recibido Judith Butler fue realizada por Martha Nussbaum en 1999, y aunque ella no analiza en profundidad el pensamiento butleriano,[131]

---

[127] María de los Ángeles Padilla, *La mística de la feminidad de Betty Friedan…*, p. 345.

[128] Cfr. Nancy Fraser, "False Antitheses: A Response to Seyla Benhabib and Judith Butler", en Seyla Benhabib y otros, *Feminist Contentions: A Philosophical Exchange,* Nueva York, Routledge, 1995. Actualmente este debate se ha vuelto a poner sobre la mesa a raíz del ascenso de los populismos. Se discute si detrás hay una cuestión de identidad o economía. Cfr. Judith Butler y Nancy Fraser, *¿Redistribución o reconocimiento? Un debate entre marxismo y feminismo,* Madrid, Trafica tes de Sueños, 2000.

[129] Cfr. Adriana Caravero y Judith Butler, *Cuerpo, memoria y representación*, Barcelona, Icaria, 2014.

[130] Al respecto, es muy interesante la crítica que realiza Breny Mendoza en *Ensayos de crítica feminista de nuestra América*, México, Herder, 2015.

[131] Martha Nussbaum, "The Professor of Parody: The hip Defeatism of Judith Butler", en *The New York Republic*, 22 de febrero de 1999, pp. 37-45. Traducción de la autora.

lamenta sobre todo que la teoría feminista se haya alejado completamente del lado material de la vida, tornándose hacia un tipo de política verbal y simbólica que sólo hace ligeras conexiones con las situaciones concretas de las mujeres reales. Para ella, "las pensadoras feministas de este nuevo tipo simbólico parecen creer que el modo de hacer política feminista es utilizando las palabras de un modo subversivo, en publicaciones académicas de alta oscuridad y una abstracción desdeñable".[132] Nussbaum reconoce a Butler como la principal figu a de esta nueva corriente, y aunque admite que es una persona muy inteligente, critica fuertemente su denso estilo de escritura, el cual está plegado de alusiones a otras teorías y doctrinas que provienen de muy diversas tradiciones filosófica (Foucault, Freud, Althusser, Monique Wittig, Gayle Rubin, Lacan, Kripke, Austin, entre otros). El problema para Nussbaum es "su modo casual de alusión",[133] ya que Butler nunca da cuenta de cómo se resolverán las aparentes contradicciones entre tantos conceptos y doctrinas: "Aun cuando, como en los casos de Foucault y Freud, está proponiendo interpretaciones altamente discutibles, que no serían aceptadas por muchos académicos".[134] Más aún, parece que la postura final de Butler respecto de muchos asuntos nunca es decisiva. Su herramienta es el misticismo –un misticismo que elude la crítica, precisamente por hacer pocas afi maciones definiti as.

Nussbaum considera que Butler representa esa desafortunada tendencia a considerar al filóso o como una estrella que maravilla a los otros, frecuentemente por la complejidad y oscuridad de sus argumentos, y no por ser un pensador entre iguales. La realidad es que cuando las nociones butlerianas se formulan de un modo claro y conciso, uno descubre, sin más distinciones ni argumentos, que estas nociones "no llegan muy lejos ni son especialmente novedosas. De este modo, aquella oscuridad llena el vacío que ha sido dejado por la ausencia de una verdadera complejidad de pensamiento y argumentación".[135]

---

[132] Nussbaum, "The Professor of Parody", apartado I.
[133] Nussbaum, "The Professor of Parody", II.
[134] *Ibid.*
[135] *Ibidem.*

Con mayor fuerza, Nussbaum critica la falta de sustento empírico que caracteriza la teoría butleriana sobre el género, el sexo y el cuerpo como construcciones puramente sociales y lingüísticas. Afi ma que ni en *El género en disputa* ni en *Cuerpos que importan* ofrece una argumentación detallada contra las pruebas biológicas a favor de la diferencia sexual "natural".[136] Tampoco explica los mecanismos de replicación de género ni de la organización legal de la familia, ni presenta un enfoque detallado sobre las posibilidades de un cambio legal. Su noción de política como parodia performativa nace, para Nussbaum, de un sentido muy limitado de libertad: estamos condenados a las estructuras de poder en las que nacemos, y lo mejor que podemos hacer es burlarnos de ellas. Se trata de una esperanza irónica y estrecha que no habla de una verdadera posibilidad de cambio para la experiencia de las mujeres que viven en situaciones concretas de injusticia:

> En última instancia, Butler quiere afi mar que tenemos un cierto tipo de agencia, de habilidad para buscar el cambio y la resistencia. ¿Pero de dónde proviene dicha habilidad, si cada estructura en la personalidad es, fundamentalmente, una creación de poder? Es imposible para Butler responder a esta pregunta y, ciertamente, no la ha respondido aún de un modo convincente para quienes sostienen que los seres humanos poseen, al menos, ciertos deseos pre-culturales –de comida, de seguridad emocional, de dominio cognitivo, de sobrevivencia– y que esta estructura en su personalidad es crucial para explicar nuestro desarrollo como agentes morales y políticos.[137]

---

[136] "Butler afi ma que no hay un agente detrás o previo a las fuerzas sociales que producen el yo. Si esto significa solamente que los bebés nacen en un mundo sexuado, que replica a los varones y a las mujeres casi de un modo inmediato, la afi mación es plausible, pero no sorprendente. Si quiere decir, en cambio, que los bebés entran al mundo de un modo completamente neutral, sin tendencias ni habilidades que sean, de alguna forma, previas a su experiencia en una sociedad sexuada, entonces la afi mación es mucho menos plausible, y difícil de sustentar empíricamente. *Butler no ofrece dicho sustento*". Nussbaum, "The Professor of Parody", III. Cursivas de la autora.

[137] Nussbaum, *ibid.*

Nussbaum se cuestiona, además, lo que realmente podría significar que el cuerpo es una construcción social. Concluye que la idea de que el cuerpo es una mera construcción de poder es una posición demasiado simplista, pues si bien es cierto que la cultura puede moldear algunos aspectos de nuestra existencia corporal, no hay fundamentos para sostener que de ella depende absolutamente *todo* lo que entendemos por cuerpo.[138] En corto, para Nussbaum, lo que el feminismo necesita es un estudio muy delicado sobre la interacción que existe entre las diferencias corporales y la construcción cultural, "y los pronunciamientos abstractos de Butler, flotando muy por encima de toda materia, no nos ofrecen nada de esto".[139]

Por último, Nussbaum propone que, aun concediendo la tesis butleriana más interesante –que la estructura social del género es ineludible, pero podemos resistirla por medio de actos subversivos y paródicos– surgen dos preguntas importantes: ¿qué es exactamente aquello a lo que debemos resistirnos, y por qué? ¿Cómo serían estos actos de resistencia, y qué deberíamos esperar que lograran? Argumenta que Butler utiliza muchas palabras para describir lo que considera digno de resistencia –lo "opresivo", la "subordinación", lo "represivo"– sin ofrecer ningún tipo de discusión empírica, pues evita a toda costa proponer cualquier noción normativa positiva. En efecto, es claro que Butler, al igual que Foucault, se opone radicalmente a nociones normativas como la dignidad humana o el imperativo de tratar a cada persona como un fin en sí mismo, "bajo la idea de que dichas nociones son inherentemente dictatoriales".[140] Sin embargo, la ausencia de dicha dimensión normativa se convierte en un severo problema:

> Como un estudiante perceptivo y libertario me dijo alguna vez: "¿Por qué no puedo usar estas ideas para resistirme a la estructu

---

[138] "Y aún así es demasiado simplista afi mar que el cuerpo no es más que poder. Podríamos tener cuerpos de pájaros, dinosaurios o leones, pero no los tenemos; y esta realidad moldea nuestras decisiones. La cultura puede moldear y formar ciertos aspectos de nuestra existencia corporal, pero no moldea todos". Nussbaum, *op. cit.*, II.

[139] *Ibid.*, IV.

[140] *Idem.*

ra de impuestos, o a las leyes antidiscriminatorias, o quizás incluso para unirme a las guerrillas?" Otros, menos afines a la anarquía, podrían involucrarse en actos subversivos como burlarse de los comentarios feministas hechos en clase o remover las pancartas de la asociación lésbico-gay de la universidad. Estas cosas pasan. Son paródicas y subversivas. ¿Por qué, entonces, no son atractivas ni buenas?[141]

Para Nussbaum, ciertamente es posible dar respuestas satisfactorias a estas preguntas, pero no desde Foucault ni desde Butler. Responderlas implica discutir qué libertades y oportunidades deberían tener las personas, y qué significa para las instituciones sociales tratar a los seres humanos como medios o fines; en resumen, una teoría normativa sobre la justicia social y la dignidad humana. Sin embargo, Butler es incapaz de justificar por qué la subversión de las normas de género es un bien social, mientras que la subversión de las normas de justicia es un mal. Existe un vacío, entonces, en el corazón de la noción de política que sostiene Butler:

> Este vacío puede parecer liberador, porque el lector lo llena implícitamente con una teoría normativa sobre la igualdad o la dignidad humana. Pero que no haya confusión: para Butler, al igual que para Foucault, la subversión es subversión, y puede, en principio, ir en cualquier dirección. En efecto, la política ingenuamente vacía de Butler es especialmente peligrosa para la misma causa que ella defiend .[142]

En conclusión, para Nussbaum el feminismo butleriano es, en muchos aspectos, más fácil que el viejo: enseña a los jóvenes que no es necesario trabajar intensamente para modificar la ley, dar de comer al hambriento o desarrollar una sólida teoría engarzada con políticas materiales. Al parecer, es posible hacer política desde la seguridad de un campus universitario, permaneciendo en un nivel simbólico y recreando gestos subversivos por medio del discurso y la parodia. Lo que esta teoría enseña, en el fondo, es que se puede

---

[141] *Ibid.*
[142] *Ibid.*

hacer algo muy valiente, sin arriesgar nada. Pero esta valentía –dirá Nussbaum– es pura apariencia:

> [La teoría de Butler] afi ma que esto es básicamente todo lo que tenemos al alcance como modo de acción política. ¿Y no es, acaso, emocionante y sexy? En su pequeñez, por supuesto, es una política esperanzadora. Enseña a la gente que, de hecho, puede hacer algo audaz sin comprometer su seguridad. Pero esta audacia es puramente simbólica y, en la medida en que el ideal de Butler sugiera que estos gestos realmente *son* un·cambio político, ofrece sólo una falsa esperanza. Las mujeres hambrientas no son alimentadas por esto, las golpeadas no encuentran refugio, las violadas no reciben justicia, y los homosexuales y las lesbianas no reciben verdadera protección legal. […] El atractivo quietismo de Butler es una respuesta comprensible ante la dificultad de hacer justicia en América. Pero es una respuesta equivocada. […] El feminismo exige más, y las mujeres merecen algo mejor.[143]

Por su parte, Toril Moi (1953-), teórica feminista nacida en Noruega y catedrática en la Universidad de Duke, hace una crítica muy interesante a Judith Butler como parte de un análisis más amplio sobre la forma en que el postestructuralismo ha tratado la distinción entre sexo y género.[144] De acuerdo con Moi, la crítica postestructuralista –de la cual Judith Butler es la principal representante– tiene dos objetivos principales: evitar el determinismo biológico y desarrollar una comprensión completamente histórica, antiesencialista, del sexo y del cuerpo. Moi argumenta que dichos objetivos no se cumplen, porque el andamiaje teórico en que el postestructuralismo envuelve las cuestiones de género y sexo producen una maraña de nuevos problemas teóricos que, en realidad, no tienen ya ninguna conexión con los cuerpos, el sexo o el género. El resultado es "un trabajo que alcanza fantásticos niveles de abstracción, sin ofrecer la comprensión concreta, situada y materialista del cuerpo, que prometía darnos".[145]

---

[143] *Ibid.*, p. VI.

[144] Toril Moi, *What is a Woman? And Other Essays,* Nueva York, Oxford University Press, 1999. Traducción de la autora.

[145] Toril Moi, *op. cit.*, p. 31.

Según Moi, esto se debe a que, para el postestructuralismo, la palabra "género" denota un rechazo hacia el determinismo biológico que, supuestamente, está implícito en los términos "sexo" o "diferencia sexual". Tanto así, que la palabra "sexo" se ha vuelto sinónimo de lo biológico, lo natural, la esencia, el cuerpo, la pasividad, el ser, la sustancia, la fijación, la estabilidad, lo prediscursivo, prelingüístico y ahistórico. El término "género", en cambio, se ha identificado con lo político, lo cultural, la construcción, la mente, lo activo, el hacer, la performatividad, la variabilidad, la inestabilidad, lo discursivo, lingüístico e histórico. Desde luego, el postestructuralismo se siente incómodo con estas dicotomías, razón por la cual el proyecto de Butler es demostrar que el sexo es tan construido como el género: es cultural, performativo, inestable, discursivo, etcétera.

Toril Moi argumenta, primero, que una sola palabra no puede fungir como superstición ante los peligros ideológicos. La prueba de la resistencia contra el determinismo biológico debe establecerse en el texto visto como un todo.[146] En realidad, los conceptos de "sexo" y "género" representan dos modos distintos de pensar la diferencia sexual. No pretenden explicar ni la clase social ni la raza, ni la nacionalidad o demás características que moldean la historia de una persona. Por ello, cuando se trata de pensar quién es la mujer, la distinción sexo-género es completamente inadecuada:

> Este análisis olvida que un ser humano sexuado (varón o mujer) es mucho más que sexo y género, y que la raza, la edad, la clase social, la orientación sexual, la nacionalidad y la experiencia personal idiosincrática son otras categorías que siempre moldean la experiencia de ser de un sexo o de otro. [...] Todas las formas de reduccionismo sexual implícitamente niegan que la mujer es un ser humano concreto y encarnado (de una determinada edad, nacionalidad, raza, clase social, y con un bagaje completamente único de experiencias), y no sólo un ser humano sexuado de determinada manera. Los estrechos parámetros de sexo y género

---

[146] Al respecto, Moi menciona el trabajo de Gayle Rubin, enfatizando que Rubin nunca pensó el género como lo *opuesto* al sexo, ni lo definió como la *ausencia* de sexo. Para Rubin, en cambio, "la distinción entre sexo y género no puede ser tan fácilmente asimilada al tipo de oposición binaria con que los deconstruccionistas desean trabajar". Moi, *What is a Woman?...*, p. 34.

nunca explicarán satisfactoriamente la experiencia y el signific - do de la diferencia sexual en los seres humanos.[147]

Los postestructuralistas suelen identificar lo "natural" con lo estable, lo fijo y lo inmutable, y como el sexo, en su esquema de comprensión es "natural", se sigue que está fuera de la historia, del discurso y de la política. El siguiente paso desde luego es proponer varias soluciones a este *problema*. La solución que sugiere Butler es considerar el sexo como algo variable e histórico, al igual que el género. El punto de Moi no es que esto sea falso, sino que es una solución a un problema producido, en principio, por la lectura postestructuralista sobre la distinción entre sexo y género. En realidad, la idea de que el sexo *debe* ser ahistórico y prediscursivo no está fundamentada en un análisis del concepto mismo de "sexo", pues "no hay ninguna razón para asumir que quien considera sensato hablar del sexo como algo natural será, necesariamente, un esencialista en el sentido negativo, metafísico y político que las feministas postestructuralistas suelen dar al término".[148] Moi critica esta fuerte tendencia a creer que si uno acepta la existencia de hechos biológicos, debe aceptar que serán el fundamento de ciertas normas sociales. Suponer que hay algo hete-rosexista en la creencia de que sólo hay dos sexos, presupone que la biología, de alguna forma, da lugar a normas sociales. Si esto es así, lo mismo será verdad para la creencia de que si logramos hacer del sexo una categoría múltiple o diversa, entonces las normas sociales serán más fl xibles. En el fondo "esto no es más que un determinismo biológico con rostro liberal".[149]

De cualquier forma, se pregunta Moi, ¿cuáles son los funda-mentos para creer que un sistema de tres, cinco o diez géneros será más liberador que uno de dos? A veces el argumento a favor de la multiplicidad de los sexos está basado en la idea de que necesitamos retar la opresiva jerarquía binaria varón/mujer. La suposición es que si logramos demostrar que hay categorías que superan estos dos términos maestros, entonces el mismo significado de varón-mujer,

---

[147] Moi, *op. cit.,* p. 36.
[148] *Ibidem.*
[149] Moi, *op. cit.,* p. 38.

masculino-femenino, será puesto en duda. Moi argumenta, en cambio, que si bien el hermafroditismo, la transexualidad, el travestismo, etc. muestran, efectivamente, lo difusos que son los límites de la diferenciación sexual, *no* amenazan con desintegrar los conceptos de "varón" y "mujer". Por el contrario:

> La existencia de hermafroditas y transexuales prueba que no todos los seres humanos pueden ser fácilmente categorizados como varón o mujer, y que hay casos ambiguos, poco claros y fronterizos. [...] Pero *el hecho de que haya casos difíciles no prueba que no haya casos fáciles*. Si los gays, las lesbianas, los trasvestis, los transexuales y las personas intersexuadas sufren discriminación en nuestra sociedad contemporánea es culpa de nuestras normas sociales y de nuestras ideologías [...], *no* del supuesto de que, biológicamente hablando, sólo hay dos sexos.[150]

Por todo lo anterior, para Moi la manera en que Butler comprende la distinción entre sexo, género y cuerpo no fundamenta –o al menos, no en un grado significativo– ni su lectura de la sexualidad ni su postura política. En efecto, una vez que uno se introduce en la perspectiva postestructuralista delineada por Butler, aparece un nuevo problema. Si el sexo es tan discursivo como el género, ¿qué hacer con la creencia común de que el cuerpo es concreto y material, mientras que las normas sociales (los discursos) son abstractas e inmateriales? La solución que Butler propone en *Cuerpos que importan* pretende justificar que el cuerpo es, al mismo tiempo, un efecto de normas regulatorias y algo concretamente material e histórico. Pero Moi critica este posicionamiento arbitrario que Butler hace de la categoría de poder como su primer principio:

> Al proponer que el poder produce la materia, [...] el poder se convierte en un principio que trabaja de maneras misteriosas detrás del velo de las apariencias. Si el poder es de Dios o del hombre, parece que debería ser capaz de producir cualquier número de cuerpos sexuados, y no únicamente dos. La pregunta de por qué pensamos tercamente que sólo hay dos sexos, no se

---

[150] *Ibid.*, p. 40. Cursivas de la autora.

responde apelando al "poder". (Aún no me queda claro si Butler piensa que nuestros conceptos discursivos –el "poder regulatorio"– producen el mundo material o solamente lo organizan.)[151]

La categoría de poder como primer principio no ofrece, entonces, una verdadera justificación de su teoría. En realidad, la razón por la que Butler se pregunta por la materialidad del cuerpo es que su propia descripción teórica del sexo y el género ha hecho que parezca una imperante necesidad resolver este problema. Más aún, añade Moi, aunque claramente hay situaciones en las que necesitamos establecer si el cuerpo es material o no, es muy significativo que Butler no mencione ninguna. Lo que a ella le interesa es la materialidad en su forma más pura y general, no la materialidad particular de un cuerpo específico, con lo cual Butler pierde de vista aquellos cuerpos que su misma obra pretendía explicar: los cuerpos concretos e históricos que aman, sufren y mueren.

En conclusión, al igual que Nussbaum, Moi afirma que todo el andamiaje teórico de Butler no resulta significativo para las políticas de la vida diaria. Precisamente, "lo que falta entre tanta teoría postestructuralista es la conciencia de las *formas específicas* en las que el cuerpo puede ser político, histórico y discursivo".[152] Butler cree que si puede mostrar que el cuerpo o el sexo son parte del universo simbólico, también demuestra que son un fenómeno completamente histórico, situado en el ámbito del poder y la política. Sin embargo, la creencia de que las palabras "género" o "materia" por sí mismas, sin ningún tipo de especificación, pueden asegurar cualquier reacción política, "es destructiva para la discusión seria sobre políticas feministas".[153] En el fondo, para Moi, Butler aún necesita mostrar qué preguntas sobre la materialidad, la referencia, la esencia, el realismo y el discurso tienen que ver, realmente, con los cuerpos, el sexo, el género, la biología y las normas sociales:

En resumen, me parece que el trabajo postestructuralista sobre el sexo y el género es oscuro, teoricista, plagado de contradicciones

---

[151] *Ibid.*, p. 48.
[152] *Ibid.*, p. 52.
[153] *ibid.*, p. 51.

internas, embrollado en elaboraciones filosófica y teóricas innecesarias, y dependiente, para su efecto político, de la distinción de los años sesenta sobre sexo-género.[154]

De la mano de estas dos críticas, conviene mencionar, finamente, la discusión que Seyla Benhabib[155] sostuvo con Judith Butler en 1991. Este debate fue publicado junto con otros ensayos en 1995, y se enfoca en la relación entre el feminismo y la posmodernidad.[156] Para desarrollar su crítica, Benhabib acude al libro escrito por Jane Flax[157] donde propone que la posmodernidad puede resumirse en tres tesis fundamentales: la muerte del hombre, de la historia y de la metafísica. Sobre cada una de estas tesis Benhabib muestra las distintas versiones que el feminismo ha planteado en las últimas décadas. La muerte del hombre se trata de la necesidad posmoderna de destruir "todas las concepciones esencialistas sobre el ser humano o la naturaleza. [Para los posmodernos] el hombre es un artefacto social, histórico o lingüístico, no un ser noumenal ni trascendente". El feminismo ha traducido la muerte del hombre en la desmitificación del sujeto masculino de la razón en sus más profundas categorías, y la filosofía occidental ha hecho caso omiso de las diferencias de género, a pesar de que éstas moldean y estructuran profundamente la experiencia y la subjetividad del yo. La razón occidental se ha posicionado a sí misma como el discurso idéntico de la mismidad, deslegitimando así la presencia de la otredad y de la diferencia. Desde Platón hasta Kant y Hegel la filosofía occidental ha sido la historia del sujeto

---

[154] Moi, *op. cit.*, p. 59.

[155] Seyla Benhabib (1950-) es profesora de Ciencias Políticas y Filosofía en la Universidad de Yale, y actualmente ocupa la cátedra Eugene Meyer. De origen turco y raza judía, Benhabib es reconocida como una de las teóricas en política y feminismo más importantes de la actualidad. Fue presidenta de la División Oriental de la American Philosophical Association (2006-2007), y en 2009 recibió el prestigioso premio Ernst Bloch.

[156] Seyla Benhabib, "Feminism and Postmodernism", en Seyla Benhabib y otros, *Feminist Contentions: A Philosophical Exchange,* Routledge, Nueva York, 1995, pp. 17-34. Traducción de la autora.

[157] Cfr. Jane Flax, *Thinking Fragments: Psychoanalysis, Feminism and Posmodernism in the Contemporary West*, Los Ángeles, University of California Press, 1990. Jane Flax (1948-) obtuvo su doctorado en 1974 en la Universidad de Yale, y es académica del Departamento de Ciencias Políticas en la Universidad de Howard.

masculino de la razón. Feminismo y posmodernidad parecen estar atacando, entonces, el mismo frente. Pero la *muerte del sujeto*, añade Benhabib, tiene dos versiones, una débil y otra fuerte. La primera procura reformular los atributos filosóficos relacionados con el sujeto –como la autorrefl xión, la capacidad de actuar según determinados principios, la autonomía y la racionalidad– sin poner en tela de juicio la subjetividad como tal. Lo que busca es proponer una visión más adecuada al contexto real del sujeto situado en el mundo:

> La versión débil de esta tesis situaría al sujeto en el contexto de varias prácticas sociales, lingüísticas y discursivas. Esta visión, sin embargo, no cuestionaría la deseabilidad y necesidad teórica de articular una visión más adecuada, menos diluida y menos mistificada de la subjetividad. Los atributos tradicionales del sujeto filosófico de Occidente, como la autorrefl xión, la capacidad de actuar según principios, la racionalidad que da cuenta de las acciones y la habilidad de proyectar un plan de vida a futuro, en resumen, alguna forma de autonomía y racionalidad, podrían ser entonces reformulados, al dar cuenta de la radical situación del sujeto.[158]

La versión fuerte de la muerte del hombre –postura sostenida por Judith Butler– busca, en cambio, disolver al sujeto mismo en las infinitas significaciones del lenguaje. En consecuencia, desaparecen conceptos esenciales para la subjetividad, como la responsabilidad, la autorrefl xión, la intencionalidad y la autonomía, lo cual inhibe la capacidad del sujeto para poner distancia entre sí mismo y esas múltiples significaciones en que está inmerso. El sujeto mismo se convierte, así, en una significación más del lenguaje

> La versión fuerte de la tesis de la muerte del hombre es, quizás, mejor capturada en la propia frase de Flax: "El hombre está por siempre atrapado en la red de los significados fi ticios, en cadenas de significación, en las cuales *el sujeto es meramente otra posición en el lenguaje*". El sujeto se disuelve así en esa cadena de significaciones que supuestamente él iniciaba. Junto con la disolución del sujeto

---

[158] Benhabib, "Feminism and Postmodernism", II.

en "otra posición más del lenguaje" desaparecen, por supuesto, conceptos de intencionalidad, responsabilidad, autorrefl xividad y autonomía. El sujeto, que no es más que una posición más en el lenguaje, ya no puede dominar y crear la distancia entre sí mismo y la cadena de significaciones en que está inmerso, y que le permitiría refl xionar sobre ellas y modifica las creativamente.[159]

Seyla Benhabib no duda en afi mar que esta segunda versión de la muerte del sujeto es absurda. Ciertamente, una subjetividad que no estuviera configu ada por el lenguaje y por las estructuras simbólicas de la narrativa de una cultura, sería algo impensable. Para Benhabib, podemos (y debemos) conceder todo esto, argumentando al mismo tiempo que *no* somos meras extensiones de nuestras narrativas, puesto que, de cara a nuestra historia, estamos en la posición de ser autores y personajes a la vez. En definiti a, "el sujeto situado y con género se determina heterónomamente, pero conserva su autonomía".[160] En consecuencia, esta segunda versión de la muerte del hombre es, para Benhabib, incompatible con el feminismo, pues, ¿cómo podría darse la emancipación de la mujer sin los principios regulativos de la autonomía, la agencia y la individualidad? Las apropiaciones feministas de esta postura no pueden más que terminar en incoherencia. Benhabib juzga, entonces, que el "mito del cuerpo sexuado" de Butler conduce a una crisis de identidad y a una incoherencia intrínseca en el feminismo, pues sin una identidad de género que soporte la expresión de género es imposible plantear que las mujeres son capaces de cambiar aquellas expresiones que, en principio, las constituyen:

> Butler también sostiene que, para pensar más allá de la univocidad y los dualismos de las categorías de género, debemos despedirnos del "agente detrás de la acción", del yo como el sujeto de una narrativa de vida. [...] Si adoptamos esta visión del yo, ¿existe alguna posibilidad de cambiar esas "expresiones" que nos constituyen? Si no somos más que la suma total de las expresiones de género que actuamos [*that we perform*], ¿puede existir la po-

---

[159] *Ibid.*
[160] *Ibidem.*

sibilidad de detener la actuación por un tiempo, bajar la cortina y alzarla, sólo si uno puede opinar algo en la producción misma de la obra? ¿No es éste todo el punto de la lucha sobre el género?

De esta forma, Benhabib rechaza la idea butleriana de que para desafiar la supremacía de los presupuestos de las políticas de identidad heterosexista y dualista es necesaria una completa devaluación de los conceptos de identidad, agencia y autonomía. Irónicamente añade que cuando Judith Butler escribe que no hay una identidad de género que fundamente las expresiones de género, podríamos considerar la imagen de un sujeto que actúa como actor enmascarado, "pero, claro, ahora se nos pide creer que no hay ningún sujeto detrás de aquella máscara".[161] Así, para Benhabib, aunque Butler lo niegue, su planteamiento exige algún tipo de entidad subjetiva, sin la cual no es posible sostener su argumentación ni llevar a la práctica su filosofía política. Al igual que Martha Nussbaum y Toril Moi, juzga que la obra de Judith Butler carece de una sólida argumentación que permita verdaderamente comprender la experiencia concreta de las personas sexuadas del mundo real. Para las tres autoras es evidente que su tratamiento del género como categoría concreta es confusa y, en no pocas ocasiones, contradictoria. De igual forma, su noción de cuerpo como mero constructo social no parece dar cuenta de la realidad constitutiva y material de los cuerpos sexuados, y su filosofía política, aunque atractiva, resulta incompatible con los verdaderos objetivos del feminismo. En conclusión, tanto para Nussbaum como para Moi y Benhabib, el pensamiento butleriano está cargado de serias inconsistencias que no deberían pasarse por alto.

---

[161] Benhabib, *op. cit.*

3. Una profundización antropológica

3.1. Aciertos y límites de las propuestas previas

En el capítulo anterior se recogieron algunas notas esenciales para comprender la evolución histórico-filosófic del discurso sobre género prevaleciente en la actualidad y, sobre todo, la base antropológica que lo sostiene. Como hemos visto, esta postura es sostenida en general por las corrientes dominantes del pensamiento contemporáneo y de la posmodernidad. Una lectura incluso superficial de estos discursos nos motiva a preguntarnos si es ésta la única manera de comprender la diferencia sexual. Mi propuesta en este capítulo es seguir otros planteamientos antropológicos, surgidos en el siglo XX, que podrían fundamentar la construcción del género desde una antropología que tiene en cuenta no sólo la biología, la psicología y las condiciones culturales e históricas, sino también la dimensión más profunda del hombre, su ser personal. A esta antropología la podríamos llamar *triádica*, de acuerdo con la línea de algunos estudios recientes.[1]

Hemos de constatar, primeramente, la profunda confusión que se cierne actualmente en torno a la cuestión antropológica, carente de unidad y de sentido. Ésta es una tarea que ya Max Scheler, a inicios

---

[1] Cfr. Michel Formaget, *Corps-âme-esprit. Introduction à l'antropologie ternaire*, París, Edifie, 2000.

del siglo xx, había puesto de manifies o, cuando hablaba de la urgencia por integrar la pluralidad de antropologías existentes entre las distintas ramas del saber:

> Poseemos una antropología científica, otra filosófic y otra teológica, que no se preocupan una de la otra. Pero *no poseemos una idea unitaria del hombre*. Por otra parte, la multitud siempre creciente de ciencias especiales que se ocupan del hombre, *ocultan la esencia de éste mucho más de lo que la iluminan*, por valiosas que sean. Si se considera, además, que los tres citados círculos de ideas tradicionales están hoy frecuentemente quebrantados, y de un modo especial la solución darwiniana al problema del origen del hombre, cabe decir que en ninguna época de la historia ha resultado el hombre tan problemático para sí mismo como en la actualidad.[2]

Esta fragmentación antropológica procede, por un lado, de la diversidad de ciencias que la abordan y, por otro, de la falta de un verdadero trabajo interdisciplinar que contribuya a una comprensión unitaria del ser humano. Para el planteamiento antropológico que ahora presento, esta dispersión ha sido fundamentalmente fruto de la negación de la naturaleza humana –fundamento en el que se sostenía la universalidad de las cuestiones antropológicas– y de la escasa refl xión que se ha hecho en torno al ser y a la persona en los últimos siglos. Por ello, a lo largo del siglo xx se desarrollaron diversos esfuerzos teóricos encaminados a la construcción de una antropología realista, unitaria e interdisciplinar que podría aportar los fundamentos para comprender la diferencia sexual en un marco mayor al de la cultura y la naturaleza. Para entrar en las bases que sostienen una antropología como ésta, revisemos, primero, las principales notas sobre la comprensión de la diferencia sexual que la historia del feminismo ha heredado a la antropología, como lo ilustra el pensamiento de las tres emblemáticas autoras que hemos analizado.

Para Margaret Mead la clave se encuentra en la *antropología cultural*, esa rama antropológica que centra su estudio en el

---

2 Max Scheler, *El puesto del hombre en el cosmos*, Buenos Aires, Losada, 1967, p. 24. Cursivas de la autora.

conocimiento del ser humano por medio de su cultura, es decir, de las costumbres, creencias, mitos, normas y valores que guían su comportamiento como miembro de un determinado grupo social. Su método de estudio es la interpretación, la hermenéutica, pues trata de interpretar a los diversos objetos producidos por el hombre, como el folklore, los ritos, los comportamientos, etc. Como es manifies o, esta rama de la antropología centra su atención en lo que los medievales llamarían *razón práctica*, pues si lo cultural es todo aquello que produce el ser humano, está claro que su ámbito es lo verosímil, lo probable. Desde esa perspectiva, Margaret Mead buscó determinar hasta qué punto las conductas humanas son aprendidas mediante la cultura o determinadas por la biología. Deslumbrada ante el poder del obrar humano, Mead concluyó que las diferencias entre los sexos se deben a la construcción cultural. Las conclusiones de *Sexo y temperamento* exaltan la acción humana por encima de la naturaleza y de cualquier tipo de estructura previa, por eso para Mead todos los rasgos de la personalidad que llamamos femeninos o masculinos son fruto del condicionamiento cultural. El género no dice nada más acerca del varón y la mujer.

Podemos preguntarnos ahora qué tanto la antropología cultural nos dice acerca del ser humano. En definiti a, si lo que interesa es investigar cuánto tiene la diferencia sexual de naturaleza y de cultura, parece que preguntarlo únicamente desde la cultura no hace justicia a la totalidad de aspectos que construyen la identidad humana. Se trata de comprender qué tan a fondo se enclava el género como una expresión del sexo biológico presente en la naturaleza recibida. Visto de esta manera, podemos decir que *Sexo y temperamento* ofrece un buen análisis sociológico del problema, pero su enfoque antropológico es superficia , puesto que permanece al nivel de los roles sociales, y los roles no expresan todo lo que la persona es.

En última instancia, la cultura es del ámbito del disponer, no del ser. Y la tesis de que las acciones sociales son lo único que constituyen al hombre puede ser muy discutida.[3] Sin duda las aportaciones

---

[3] En primer lugar, porque si todo es cultural se vuelve irrelevante cualquier intento de corregir injusticias sociales, defender a quienes son explotados por otros, o promover las políticas

de la antropología cultural arrojan luz al problema de la diferencia sexual, pero no lo explican a fondo, pues la persona humana no se reduce al ámbito de sus manifestaciones culturales. La misma Margaret Mead parece haber vislumbrado esto cuando, 14 años después de la publicación de *Sexo y temperamento* dio un giro a su planteamiento afi mando que la variabilidad cultural de los modelos de género se funda en ciertas diferencias sexuales primarias, relacionadas con las funciones reproductivas y las diferencias anatómicas entre los sexos.[4] Es relevante notar aquí que la misma Betty Friedan –quien califi ó el pensamiento de Mead en *Masculino y femenino* como la piedra angular de la mística de la feminidad– tuvo un giro similar en su comprensión de la diferencia sexual, dos décadas después de la publicación de su obra capital, *La mística de la feminidad*. Su pensamiento evolucionó hacia *La segunda etapa*,[5] en donde constató que los modelos de género no pueden prescindir de la irrenunciable dimensión relacional y familiar de la persona. Parece, entonces, que contraponer cultura y naturaleza en la conformación de la identidad sexual no es un proyecto que resuelva el problema satisfactoriamente. Al respecto, podríamos aplicar las palabras con que Robert Spaemann se refie e al dualismo que ha estado casi siempre presente en nuestra forma de comprender al hombre: "El proceso de superación del dualismo será más difícil y exigirá de ambas partes no sólo esfuerzo conceptual, sino también la activación de todas las posibilidades de experiencia humanas".[6] La evolución en el pensamiento de Margaret Mead es prueba indudable de ello.

Por su parte, Simone de Beauvoir denunció con increíble lucidez la situación de asfi ia total en la que se halló la mujer durante muchos siglos, sobre todo tras la filosofía individualista ilustrada del siglo XIX. La amplia aceptación del *Segundo sexo* se debe a la claridad con que Beauvoir expuso el modo en que la literatura, la filosofía y la historia de Occidente condicionaron a la mujer a una subordinación cada vez mayor. Por eso, tras sus documentadas investigaciones,

---

públicas a favor de la igualdad.

[4] Esta es la tesis central que Mead sostiene en *Masculino y femenino*.

[5] Cfr. Betty Friedan, *La segunda etapa*, Barcelona, Plaza & Janés, 1983.

[6] Robert Spaemann, *Lo natural y lo racional*, Chile, Instituto de Estudios de la Sociedad, 2011.

la filósofa francesa concluyó que *ser mujer* –quien hasta entonces se había considerado un ser inferior por naturaleza, carente de derechos– es un constructo cultural, una cosmovisión que limita a la mujer a la esfera doméstica, excluyéndola por completo de la pública. Ciertamente, en este punto, la denuncia de Simone de Beauvoir es no sólo legítima, sino acertada y, en cierto modo, inapelable: el patriarcado es la construcción cultural de un modelo de género que no es conforme con la dignidad de la persona. Blanca Castilla dice al respecto:

> La pregunta y la denuncia de Beauvoir son legítimas y su rebeldía justa, ante los reduccionismos y empobrecimientos que la feminidad ha sufrido y sufre. Desde su experiencia humana elemental, [Simone de Beauvoir] no se reconoce como un ser pasivo, ni está dispuesta a vivir encerrada en el ámbito privado, reprimida y descontenta, renunciando a la vida de la inteligencia. Como le corresponde, quiere ser libre, respetada y considerada como tal, independiente para pensar y decidir por sí misma, y aspira a tener relaciones de igualdad con los varones. [...] En otras palabras, el modelo que critica se trata de una construcción cultural de género que no está de acuerdo con la dignidad de la persona, en este caso, de la mujer.[7]

Hasta aquí, su propuesta es muy acertada. Pero Simone de Beauvoir parte de una antropología existencialista, con lo cual cristaliza la libertad como el único punto de partida del ser humano. Recordemos que el existencialismo entiende al hombre "como una libertad absoluta, sin esencia y sin ser, pura trascendencia finita",[8] sin pautas para la acción. Sin embargo, una antropología así planteada trae consigo una soledad teórica y práctica difícil de aceptar, pues, "cuando [Sartre] dice que *el infierno son los otros*, presupone que la mirada del hombre es una estricta objetivación de aquello a lo que la mirada se dirige. La mirada que así me ve es, en efecto, la mirada que me aniquila como ser libre".[9] Parece que entender así

---

[7] Blanca Castilla, *Dignidad personal y condición sexuada. Un proseguir en antropología*, Valencia, Tirant Humanidades, 2017, p. 217.

[8] Spaemann, *op. cit.*, p. 21.

[9] *Ibidem.*

la libertad conduce, entonces, a la desesperación. En efecto, sin finalida , la libertad se vuelve errática y no puede concebirse como donación. Es esto, precisamente, lo que impidió que Simone de Beauvoir fuera capaz de responder a la pregunta sobre la mujer. Al negar por completo la esencia, la naturaleza y el sentido de la libertad, concluyó que la feminidad es únicamente producto histórico, sólo cultura. En consecuencia, su lucha por eliminar la arbitraria posición de supremacía del varón le llevó a hacer a un lado la diferencia entre los sexos, promoviendo la masculinidad como paradigma de lo humano. No pudo reconocer una aportación original de la mujer, y su proyecto por abolir la desigualdad terminó por asimilar la mujer al varón, con lo cual comprometió cualquier discurso sobre una posible complementariedad entre los sexos.

El planteamiento del *Segundo sexo* presenta, además, otra inconsistencia. De primera vista, Beauvoir no parece estar defendiendo un culturalismo relativista, según el cual algo es verdadero y legítimo por el simple hecho de ser un producto cultural. En la introducción al *Segundo sexo*, ella misma define su perspectiva como una moral existencialista. Esto quiere decir que su feminismo está planteado como una ética, como un *deber ser*. Sin embargo, llegados a este punto, debemos preguntar en qué se basa un feminismo como el de Simone de Beauvoir para realizar su crítica. Si en ocasiones la cultura necesita ser revisada y transformada, lo será en virtud de unos valores o principios que no sean culturales. Pero si todo es cultural, ¿desde dónde se realiza este juicio? Si el único presupuesto humano precultural es una libertad absoluta, entonces cualquier producto cultural tendría el mismo valor. Para Blanca Castilla, "lo mismo se podría decir de las plataformas y los manifies os divergentes: si defienden la libertad de elección y que todo es elegible, ¿en virtud de qué critican otra construcción de género diferente a la que ellos quieren?"[10] Con esto resulta evidente que ya en el pensamiento de Simone de Beauvoir se halla el germen de los actuales posfeminismos de género. Sin duda, el género se construye históricamente, pero *si la mujer no nace, se hace*, y si todo es cultural, ¿con base en

---

[10] Blanca Castilla, *Dignidad personal y condición sexuada…*, p. 219.

qué podemos juzgar ilegítimo un determinado modelo de género? Parece, entonces, que sólo desde la cultura –más aún, sólo desde una libertad absoluta– no es posible explicar satisfactoriamente ni la identidad sexual ni su desarrollo social y cultural. La crítica de Simone de Beauvoir fue acertada, principalmente porque ubicó el problema radical de la mujer en un plano antropológico. Sin embargo, a pesar de haber puesto al descubierto el problema, no supo resolverlo, y su feminismo fue la base para las posturas más radicales sobre el género que prevalecen en la actualidad.

Así llegamos, finalme te, a un planteamiento sobre género cuya raíz se encuentra en el rechazo posmoderno de cualquier noción universal, calificada como "esencialista". Con el fin de poner en crisis el concepto de sexualidad como "naturaleza recibida", Judith Butler propone una identidad sin esencia, cuyos límites pueden ser construidos y deconstruidos libremente por el individuo. La enorme influencia de *El género en disputa* se debe a la novedad con que su autora hizo del género un tema clave de identidad, desde la filosofía del lenguaje y el postestructuralismo. Lo que Butler ha puesto en duda, fundamentalmente, es la estabilidad del sujeto y, en consecuencia, la explicación del género como realización cultural de un sexo biológico recibido. Recordemos que Butler afi ma que el género no es más que el efecto hegemónico de una producción discursiva que ha dado a la relación binaria varón/mujer la apariencia de ser natural. El cuerpo se convierte, entonces, en una construcción política, lo que define al sexo como una mera determinación social. En el fondo, Butler niega rotundamente el ser y la ontología, haciendo de la identidad personal una cuestión absolutamente elegible y performativa. Para esta *subversión de la identidad*, todo puede ser de otra manera, y la libertad es presentada como un valor único y arbitrario.

Es evidente que un planteamiento como éste se enfrenta al mismo problema que he señalado anteriormente: la cultura –en este caso, pura construcción lingüística– como único punto de partida, no logra explicar radicalmente la diferencia sexual, y se desacredita para criticar otras posturas. Judith Butler sostiene que el sujeto es intrínsecamente inestable porque no hay ontología, pero si el sexo biológico no aporta datos reales para la conformación de la identidad;

si en la naturaleza recibida no hay pautas legítimas para conocer lo que yo soy; si, en el fondo, el obrar no sigue al ser,[11] entonces no podemos justificar algo tan sencillo como que realizo una dieta saludable *porque* es lo mejor para mi cuerpo, pues, en este caso, estaría tomando como verdaderos los datos que mi cuerpo ofrece respecto de la salud. En la vida práctica no actuamos, de hecho, como si todo fuera inestable y abierto a múltiples interpretaciones. Nos guiamos por datos que consideramos objetivos y verdaderos. Hacemos ejercicio y llevamos una dieta equilibrada, por ejemplo, porque sabemos que esto es necesario para tener una vida sana, y porque confiamos en la información que la medicina ha revelado sobre nuestro cuerpo. ¿Por qué, entonces, cuando se trata de observar los datos que el cuerpo expresa sobre la identidad sexual, Butler concluye que son pura interpretación cultural y política, pura producción discursiva?[12] Una vez más, parece que anular por completo la naturaleza como dato recibido en la conformación de la identidad, no resuelve el problema.

Sin duda, la lucha de Judith Butler por restaurar la dignidad de aquellas minorías sexuales que durante siglos han sufrido vidas *ininteligibles* y marginadas –aún después de la evolución histórica y política del feminismo– es legítima y necesaria. Sin embargo, para erradicar esa "violencia de género", Butler sostiene que es necesario erradicar la diferencia sexual. ¿No es éste, acaso, un salto ilógico? Tendría razón si lo que afi mase fuera que la marginación de esas minorías es una acción cultural que no está conforme con la dignidad de la persona, pero ¿cómo se deriva de allí que la diferencia sexual, en sí misma, es injusta? En este sentido, acierta al apelar a las políticas de igualdad para reclamar los derechos de aquellos grupos minoritarios, pero "no se separa de la tesis que quiere rebatir: es decir, que la diferencia está indisolublemente unida a la subordinación. [Por eso], la objeción básica que se le puede hacer es su aceptación de la principal tesis determinista del modelo anterior".[13] El feminismo

---

[11] *Operari sequitur esse*: clásico axioma escolástico que sostiene que el modo de obrar sigue al modo de ser.

[12] La crítica que realiza Martha Nussbaum al respecto es aquí muy pertinente.

[13] Blanca Castilla, *Dignidad personal y condición sexuada*, p. 218. Recordemos aquí la crítica que

ha luchado por superar la relación varón-mujer entendida como subordinación por el modelo patriarcal. Pues bien, quien sigue considerando la diferencia como sinónimo de subordinación, no ha sido lo suficientemente crítico con el modelo a superar. Ha considerado verdadera la principal falacia del modelo anterior. Por ello, podríamos afirmar que nos encontramos ante un movimiento pendular, en el que una ideología –la patriarcal– es sustituida por otro constructo ideológico, que sufre además la misma tesis falsa. ¿En qué se basa Butler para afirmar que la morfología natural de nuestro cuerpo es intrínsecamente injusta? ¿Por qué la diferencia sexual es un aparato de dominación, pero no lo son los criterios en los que basamos nuestra consideración de la salud humana? Más aún, si todo es constructo cultural, ¿en qué se basa nuestra dignidad? ¿En qué se basa la lucha por proteger la dignidad de aquellos grupos socialmente marginados? La antropología sobre la que Butler desarrolla su teoría de género no puede responder a estas preguntas, lo cual pone de manifiesto, una vez más, que absolutizar la cultura no es una respuesta acertada ni suficientemente radical.

Y bien, ¿adónde nos llevan las anteriores reflexiones? Una mirada de conjunto nos permite descubrir que esta discusión sobre la diferencia sexual ha repetido, en el corazón de su planteamiento, la confrontación entre naturaleza y cultura de la que he hablado antes. En el fondo, Mead, Beauvoir y Butler dialogan entre naturaleza y cultura como si la última se identificara plenamente con la libertad. Se trata de un planteamiento dicotómico entre ambos conceptos, que no ha sido resuelto satisfactoriamente desde la modernidad. Dicha confrontación parece exigir que la antropología se fundamente en una o en otra realidad, pues tanto la naturaleza como la cultura son presentadas como dos realidades constituidas previamente, que pugnan entre sí o se niegan una a la otra:

> Tal punto de partida, cuyas diversas manifestaciones se distribuyen uniformemente entre la modernidad y la posmodernidad, asume un quiebre radical entre la realidad natural humana y sus

---

hace Toril Moi, para quien el planteamiento de Butler podría ser visto como un determinismo biológico con rostro liberal.

manifestaciones culturales. Son dos órdenes de cosas radicalmente diversos que responden a estructuras fundamentaciones
diversas, y en cuanto encuentran un suelo común se oponen in-
expugnablemente.[14]

La dificultad fundamental aparece con el hecho de que no está
muy claro qué está buscando quien se pregunta *qué es el hombre*.
Durante siglos, la antropología se cristalizó en torno a la noción de
"naturaleza humana", que se refie e a la estructura psicosomática del
hombre, es decir, a la unidad de su cuerpo y de su alma.[15] En filosofía,
el término "naturaleza" suele designar la esencia de los seres vivos,
en cuanto principio de sus operaciones. Sin embargo, el concepto de
physis –aplicado tanto a la realidad física como a la humana– fue poli-
sémico ya para los griegos. Quizás el ejemplo más relevante es el de
Aristóteles, quien distinguió en la naturaleza de los animales un principio de crecimiento, de alteración y locomoción, no poseído por el
reino vegetal. Sin embargo, respecto del principio intelectivo propio
de los seres humanos, no se mostró tan convencido. Así, por ejemplo,
al hablar de la inteligencia, afi ma que "el hombre es el único de los
animales que se mantiene erguido porque su naturaleza y su esencia
son divinas. En efecto, la función del ser divino por excelencia es el
pensamiento y la sabiduría".[16] Lo cual pone de relieve que, ya desde
la filosofía griega, no resultaba tan sencillo describir lo propiamente
humano sólo en términos de naturaleza. Por otro lado, la evolución filosófic sobre la relación entre el cuerpo y el alma ha tenido
diversos matices a lo largo de la historia, y la unidad entre ambas
dimensiones no ha sido nunca fácil de conciliar. Desde Platón,

---

[14] Cristián Rodríguez, prólogo a *Lo natural y lo racional*, Chile, Instituto de Estudios de la Sociedad, 2011, p. 11.

[15] El concepto de *naturaleza humana* hoy parece apuntar al sentido meramente biológico de
naturaleza. Se asume que la mejor explicación que podemos encontrar acerca del hombre
se halla en la biología y en las teorías de la evolución, sin embargo Robert Spaemann pone
de manifies o que "la comprensión de la naturaleza bajo la forma de autotrascendencia –es
decir, teleológicamente– es también la condición para entenderla como medio para la au-
to-representación de la personalidad. Sólo entonces puede existir algo así como un 'lenguaje del cuerpo', y sólo en este caso es posible lesionar la dignidad de la persona de manera
física". Spaemann, *Lo natural y lo racional*, p. 34.

[16] Aristóteles, *De partibus animalium*, 686a, pp. 27-29.

pasando por Aristóteles y Tomás de Aquino, hasta la modernidad y el pensamiento contemporáneo, la relación entre el cuerpo y el alma ha recorrido grandes controversias.[17] Los actuales problemas en torno al género y la diferencia sexual son prueba innegable de ello. Incluso para las corrientes materialistas –que han optado por hablar de *psique* o mente, en lugar de "alma"– la existencia de cierta dimensión inmaterial en el hombre ha sido prácticamente imposible de negar.[18]

Todo lo anterior contribuyó a que, desde la edad moderna, el debate entre naturaleza y libertad se colocara en el centro de las discusiones filosófica y científica , pues la clásica noción de naturaleza –que implica necesidad– presentaba varias dificultades para el discurso antropológico:

> Uno de los problemas más evidentes que ha planteado siempre [el fundamentar la dignidad en la naturaleza] es el cómo avenir el concepto que supone la naturaleza humana con la afi mación de la libertad del hombre. En efecto, si la naturaleza es fin, como escribe Aristóteles al principio de su *Política* (I, 2, 1232 b32), ¿cómo puede el hombre tener impuesta su naturaleza y tener, al mismo tiempo, la capacidad de imponerse a sí mismo sus propios fines? ¿Cómo se puede ser por naturaleza algo, y ser, a la vez, libre para llegar a serlo? ¿Cómo cabe concebir [...] la síntesis humana de naturaleza y libertad?[19]

En efecto, sólo desde lo natural resulta difícil explicar la complejidad humana, con su capacidad de actuar libremente y dominar la naturaleza, razón por la cual, desde la modernidad, la balanza se ha inclinado en favor de la libertad, hasta llegar a las posturas más

---

[17] La visión dualista del hombre que sostenía Platón le impidió dar cuenta de cómo se relacionan el cuerpo y el alma, siendo esta última una sustancia radicalmente inmaterial, que existe por sí misma, mientras que el cuerpo es una sustancia material. Con su teoría hilemórfica, Aristóteles salvó la unidad del hombre, pero comprometió la posible inmortalidad del alma. Tomás de Aquino logró hacer una síntesis entre ambas posturas, que luego Descartes olvidó, al hablar, por un lado, de la *res extensa*, y por otro, de la *res cogitans*. Cfr. Henry Bergson, *El cuerpo y el alma*, Madrid, Encuentro, 2009.

[18] Para un interesante estudio sobre el estado de la cuestión referente a la relación mente-cerebro, Cfr. J. L. Ruiz de la Peña, *Las nuevas antropologías*, Santander, Sal Terrae, 1983, pp. 131-199.

[19] Juan Miguel Palacios, *La condición de lo humano*, Madrid, Encuentro, 2013, pp. 49-50.

radicales, que pretenden prescindir por completo de cualquier estructura previa desde la cual explicar al hombre.[20] Eventualmente, la posmodernidad decidió borrar el concepto de "naturaleza humana" de su vocablo, hasta que desapareció por completo tanto de la fil - sofía como de las ciencias sociales, particularmente del derecho. De esta forma, aunque naturaleza y cultura se conjugan desde el inicio de la vida humana, en el marco teórico "ambas nociones coexisten en una tensa relación, donde un término tiende a absorber al otro debido a un planteamiento dualista. No falta quienes defienden que el hombre es sólo naturaleza o sólo cultura, puro determinismo o pura libertad".[21]

Este planteamiento de la confrontación entre naturaleza y cultura se ha repetido en la discusión sobre la relación sexo/género. Sin embargo, después de haber valorado los aciertos y los límites de las propuestas previas, está claro que no podemos comprender la diferencia sexual si no tenemos una buena teoría acerca del ser humano. Toda la guerra sobre la diferencia sexual parece estar montada sobre una antropología de la cultura o de la libertad, pero ¿realmente podemos prescindir de nuestra naturaleza como dotación inicial? ¿Somos mera construcción cultural? ¿Sólo biología o estructuras psíquicas? Más aún, ¿la libertad humana es sólo un desarrollo de las potencialidades de la naturaleza? ¿O existe, acaso, otra instancia más profunda que permita dar cuenta de nuestra libertad? Conforme la línea de pensamiento que presento en este último capítulo está claro que no podemos absolutizar la dimensión operativa del hombre, pues la cultura, aunque es una manifestación de libertad, no termina de dar cuenta de ella. La respuesta a este debate no puede estar en la naturaleza o en la cultura, como si se tratara de dos parámetros irreconciliables y en disputa. Por eso, indagaremos ahora en quienes han llegado a la conclusión de que –sin negarlas– lo que hace que el hombre sea "persona" es algo distinto de su propia naturaleza y realización cultural. En el hombre existe una dimensión más profunda, algo que está más allá de su esencia, en lo más íntimo de su ser.

---

[20] La antropología existencialista de Simone de Beauvoir es un ejemplo claro de esto.

[21] Blanca Castilla, *Dignidad personal y condición sexuada...*, p. 200.

3.2. Quién es la persona

Las atroces experiencias del siglo xx nos colocaron ante la necesidad de un cambio de paradigma antropológico. Las devastadoras consecuencias de las guerras mundiales, el triunfo del fascismo y de la perversión autoritaria del socialismo, la asombrosa capacidad manipuladora de una nueva cultura capitalista de masas despertó entre los hombres una conciencia colectiva de la dignidad humana. Se hizo evidente que cada ser humano, por el simple hecho de serlo, tiene un valor absoluto, que no puede ser violentado ni traspasado por nadie y que merece ser respetado entre individuos y custodiado por las instancias públicas. Por ello, en 1948 se proclamó la Declaración Universal de los Derechos Humanos, el primer texto legal supranacional que expresó la dignidad humana y defendió los derechos que le son inherentes. Es bien sabido que, aunque esta declaración encontró un asentimiento común entre las naciones, su fundamentación y justificación presentan grandes dificultades especulativas, que continúan siendo fuente de diversos problemas teórico-prácticos. El primero y más evidente es que, sin una sólida fundamentación, tanto la dignidad como los derechos humanos se debilitan fuertemente, pues terminan por caer en una mera interpretación positivista de los mismos. En consecuencia, el siglo pasado vio nacer a un nuevo grupo de humanistas que reclamó la noción de *persona* como la más adecuada para hablar del ser humano y fundamentar su dignidad.[22]

---

[22] Entre ellos, quizás los más renombrados son los franceses, comenzando por Emmanuel Mounier (1905-1950), fundador del movimiento personalista. Destacan también Jacques Maritain (1882-1974), Paul Ricoeur (1913-2005), Emmanuel Lèvinas (1906-1995) y Gabriel Marcel (1889-1975), entre otros. De Alemania podríamos destacar a Martin Buber (1878-1965), Ferdinand Ebner (1882-1976), Dietrich Von Hildebrand (1889-1977), Edith Stein (1891-1942) y Victor Frankl (1905-1997). En Polonia sobresale Karol Wojtyla (1920-2004). En España destacan Leonardo Polo (1926-2013), Xavier Zubiri (1898-1983) y Julián Marías (1914-2005). Es importante mencionar aquí que el objetivo de estos pensadores fue reconstruir el humanismo, renovándolo en torno a la noción de persona, razón por la cual muchos han agrupado esta línea de pensamiento bajo el nombre de *personalismo*. En este sentido se ha hablado del *giro personalista* de la antropología o del paso del humanismo al personalismo. Sin embargo, no todos han aceptado ser incluidos en este grupo –por ejemplo, Leonardo Polo y Xavier Zubiri– por parecerles que este epíteto designa más a un movimiento con fines sociales y políticos, desconectado de la tradición filosófica Cfr. Juan Manuel Burgos, *Introducción al personalismo*, Madrid, Palabra, 2012.

Al advertir que las antropologías centradas en la naturaleza o en la cultura se enfrentaban con serias limitaciones, estos pensadores descubrieron que la cuestión de la dignidad aporta luces respecto de otro tipo de universalidad, que podría ser un principio unificador para la antropología: "El fundamento último de la dignidad humana, ese algo previo a la acción y garante de su inviolabilidad, vendría a ser algo más profundo e interior que su naturaleza específica, es decir, *la persona*".[23] Así, tras siglos de ausencia en el pensamiento filosófico y político, el siglo XX retomó esta noción como la más adecuada para hacer antropología y acceder a la universalidad desde otro nivel ontológico.[24] Ya Xavier Zubiri lo constataba en 1959:

> El tema de la persona reviste carácter inundatorio en el pensamiento actual. En cualquier bibliografía aparecen masas de libros y publicaciones periódicas sobre la persona desde los puntos de vista más diversos. Biografías de personalidades grandes o modestas; estudios psicobiológicos y psicoanalíticos sobre la constitución de la personalidad o estudios psiquiátricos sobre las personalidades psicopáticas; estudios de moral sobre la dignidad de la persona humana o investigaciones psicológicas acerca de las personas jurídicas. La filosofía, por su lado, sin emplear muchas veces el vocablo, hace de la persona tema de sus refl xiones: cómo el hombre se va haciendo persona a lo largo de su vida. Y hasta la teología, prolongando las refl xiones de siglos pasados acerca de la persona de Cristo, vuelve a colocar hoy en primer plano el problema de la persona. Por dondequiera que se mire, se descubre el tema de la persona como uno de los problemas capitales del pensamiento actual.[25]

---

[23] Blanca Castilla, *Dignidad personal y condición sexuada…*, p. 44.

[24] Blanca Castilla explica que el pensamiento clásico de corte abstracto ve con reparos un pensamiento personalista, pues considera imposible fundamentar algo universal en la persona. En efecto, para el pensamiento clásico, la persona es individual y concreta, pero la inteligencia humana sólo conoce lo general y abstracto (lo individual y concreto pertenece únicamente al conocimiento sensible). Desde esta óptica, sólo la naturaleza, en cuanto que es común a todos, podría fundar la universalidad. Cfr. Castilla, "La dignidad como valor universal: significado y alcan e", en *Dignidad personal y condición sexuada…*, pp. 44-48.

[25] Xavier Zubiri, "El hombre, realidad personal", en *Revista de Occidente,* segunda época, núm. 1, 1963, pp. 5-29.

En principio, la noción de *persona* fue forjada en el siglo IV, por obra de los filósofos-teólogos capadocios, que intentaban esclarecer el misterio de la Santísima Trinidad. Su recorrido hasta nuestros días ha sido complejo, oscureciéndose y alumbrándose en distintas etapas de la historia. Un gran periodo de la filosofía, que va desde la modernidad hasta el siglo pasado, reemplazó esta noción con la de "individuo" –razón por lo que hoy hablamos del "redescubrimiento de la persona" en el siglo XX–, y es que, para estos humanistas, la persona humana es algo más noble que el mero individuo de una especie, pues el hombre no responde a la pregunta por el *qué* sino por el *quién*:

> En la noción de persona se incluye algo más que en la de *individuum*, persona es algo más que naturaleza individualizada [...]. Es una plenitud que no consiste sólo en ser concreta y, además, única e irrepetible. El lenguaje corriente dispone de un pronombre lapidario y expresivo a la vez: la persona es un *alguien*. [...] La persona es un *suppositum*, sujeto que existe y actúa, pero con esta nota, que su existencia (*esse*) es personal, y no tan sólo individual. [...] La persona se deja identificar como *suppositum* sólo si el *suppositum* "alguien" indica, además de la semejanza, la diferencia y distancia respecto a cada *suppositum* "algo".[26]

Por eso, cuando nace una persona afirmamos que su estructura psicosomática (el *qué* de este nuevo ser) la recibe directamente de sus padres, pero el *quién* (su identidad personal) es completamente irreductible a ella. El sentido común nos manifiesta este misterio cuando nos preguntamos "¿*quién* soy yo?" y nunca "¿*qué* soy?", lo que demuestra que esta profundización antropológica se dirige no tanto a la esencia, sino al ser mismo de cada uno, a su *esse*.

Curiosamente, la filosofía griega carece por completo de la noción de *persona*. Xavier Zubiri lo pone de relieve cuando afirma que "entre otras limitaciones, la metafísica griega tiene una fundamental y gravísima: la ausencia completa del concepto y del vocablo mismo de persona".[27] Por esta razón, los pensadores del siglo IV necesitaron

---

[26] Karol Wojtyla, *Persona y acción*, Madrid, Palabra, 2011, pp. 129-130.
[27] Xavier Zubiri, *El hombre y Dios*, Madrid, Alianza Editorial, 1984, p. 323.

distinguir el término de sustancia del de hipóstasis (persona) para poder explicar el misterio de la unidad y trinidad en Dios.[28] Esta distinción les permitió entender que las sustancias son esencias individualizadas, mientras que la persona o hipóstasis es, ante todo, subsistencia, *esse*. De esta forma, descubrieron que naturaleza y persona no se identifican, con lo cual, la primera cuestión clara es que ser persona es algo distinto de ser una cosa y, por tanto, es algo más que ser sustancia. Este paso supuso un gran avance antropológico que, en palabras de Zubiri, requirió "el esfuerzo titánico de los capadocios para despojar al término de hipóstasis de su carácter de puro *hypokeímenon,* de su carácter de *subjectum* y de sustancia, para acercarlo a lo que el sentido jurídico de los romanos había dado al término persona, a diferencia de la pura *res,* de la cosa".[29] Para Blanca Castilla, aquí radica, precisamente, la distinción entre *algo* y *alguien:*

> Lo que esto quiere decir en primer lugar es que cada persona tiene un *esse propio, único e irrepetible, con una dignidad inalienable en función de la especie. La persona es un alguien.* [...] Las sustancias son esencias individualizadas, principalmente, los seres vivos del cosmos de todas las especies. Cada individuo es un ejemplo concreto de un tipo de vida, un "algo" con las mismas características, que está en función de su especie. La persona o hipóstasis es ante todo un "alguien" subsistente.[30]

---

[28] Recordemos que, para la teología católica, en Dios hay una sola naturaleza con tres personas distintas: el Padre, el Hijo y el Espíritu Santo.

[29] Zubiri, *El hombre y Dios*, p. 323.

[30] Castilla, *Dignidad persona y condición sexuada*, p. 97. Xavier Zubiri advierte esta diferencia entre las cosas y las personas, tomando como ejemplo la física cuántica, a partir de la cual se hizo evidente que la realidad material es más amplia que la noción de corpúsculo. Pues bien, en el ámbito filosófico, "hizo falta una intelección mucho más difícil que la de la física cuántica para inteligir que lo real puede ser real y, sin embargo, no ser cosa. Ser, por ejemplo, persona. Entonces no sólo se amplió el campo de las cosas reales, sino que se han ampliado eso que pudiéramos llamar modos de realidad. Ser cosa es tan sólo uno de esos modos; ser persona es otro. Así ha cambiado no sólo el elenco de las cosas reales, [...] sino que ha cambiado también el carácter de la realidad misma como mensura, porque una persona es algo distinto de una piedra o de un árbol no solamente por sus propiedades, sino por su modo de realidad". Xavier Zubiri, *Sobre el sentimiento y la volición*, Madrid, Alianza Editorial, 1992, pp. 56-57.

La noción de persona rápidamente fue acogida por la antropología para describir al hombre como un ser único e irrepetible. Sin embargo, en poco menos de un siglo, Boecio (siglo V) formuló su célebre definición de persona como "sustancia individual de naturaleza racional".[31] Aunque siglos más tarde Tomás de Aquino encontraría en la distinción *esse-essentia* la estructura más profunda y radical de los seres, y en la persona, "lo más perfecto de toda la naturaleza",[32] la escolástica de su tiempo diluyó esta clave en estériles debates metafísicos. Eventualmente, la noción de persona perdió su sentido original y con la modernidad dejó de ser utilizada en el discurso filosófico. La noción de "individuo" destacó entonces en casi todos los ámbitos del saber, y fue hasta el siglo XX que la persona fue redescubierta por los filóso os que aquí presento. En efecto, para estos pensadores, volver a la noción de persona fue una tarea urgente para la antropología, pues tanto la definición de Boecio como la noción de individuo son insuficie tes para describir al ser humano. Principalmente, porque con ellas se olvidan las dos características que propiamente describen al ser personal: su *carácter absoluto,* por un lado, y su *relacionalidad,* por otro. Pasemos a considerarlas brevemente.

Ante todo, la persona es alguien con un valor absoluto, al que nos referimos siempre que hablamos de su dignidad. Cuando consideramos que cada persona es única e irrepetible, intuimos que se trata de un ser cuyo valor no se condiciona ni se relativiza ante ninguna circunstancia. Xavier Zubiri muestra que esto es así porque la persona tiene que ver con la propiedad –una propiedad que está más allá de lo material y de la elección libre de nuestros actos–. La persona, de un modo radical, es propietaria y dueña de sí misma, de su propia realidad:

> *El ser realidad en propiedad,* he aquí el primer modo de respuesta a la cuestión de en qué consiste ser persona. La diferencia radical que separa a la realidad humana de cualquier otra forma de realidad es justamente el carácter de propiedad. Un carácter de propie-

---

[31] Para la definición de Boecio, Cfr. Boecio, *Sobre la persona y las dos naturalezas,* en Clemente Fernández, *Los filósofos medievales,* Madrid, BAC, 1979.

[32] Tomás de Aquino, *Suma teológica,* I, q.29, a.3.

dad que no es solamente un carácter moral. Es decir, no se trata únicamente de que yo tenga dominio, que sea dueño de mis actos en el sentido de tener derecho, y plenitud moral para hacer de mí o de mis actos lo que quiera dentro de las posibilidades que poseo. *Se trata de una propiedad en sentido constitutivo.*[33]

Esto quiere decir que aunque la persona no sea origen de sí misma –no existe la autogeneración– se le ha otorgado un ser para que sea suyo. En este sentido, soy propietario de mi propia realidad y, por tanto, soy también responsable de ella. Decir esto es otro modo de afi mar que la persona no sólo es capaz de libre arbitrio –escoger entre el bien y el mal–, sino más profundamente de *auto-determinación*. Se trata de una libertad radical, que se enclava en lo más profundo de nuestro ser. Continúa Zubiri: "Yo soy mi propia realidad [...] Y precisamente por serlo, y en la medida en que lo soy, tengo capacidad de decidir. La recíproca, sin embargo, es falsa. El hecho de que una realidad pueda decidir libremente entre sus actos no le confie e el carácter de persona, si esa voluntad no le perteneciera en propiedad".[34] Como se puede ver, el "mío" del que habla Zubiri no tiene que ver con el orden moral o jurídico, sino con el orden de la realidad. De ahí que la principal diferencia entre la persona y el resto de los seres del cosmos "no es tanto una diferencia formal de su naturaleza, sino del acto de ser que la actualiza, que en cada persona es nuevo, inédito, tenido en *propiedad*",[35] lo que le confie e un valor absoluto y una intrínseca dignidad.

Este carácter absoluto de la persona es designado por Karol Wojtyla como *incomunicabilidad*. Con ello se refie e a que la innata creatividad de la persona y su radical capacidad de autodeterminación expresan su ser único e irrepetible, por lo que esa autopropiedad no puede ser trasladable a nadie más:

Incomunicable es inalienable. No tratamos aquí de subrayar que la persona es siempre un ser único, que no tiene su equivalente, porque esto se puede afi mar de cualquier otro ser: animal,

---

[33] Xavier Zubiri, *Sobre el hombre*, Madrid, Alianza Editorial, 1984, p. 111.

[34] Zubiri, *op. cit.*, p. 111.

[35] Blanca Castilla, *Dignidad personal y condición sexuada...*, p. 97.

planta o piedra. El hecho de que la persona sea incomunicable e inalienable está en relación estrecha con su interioridad, su auto-determinación, su libre arbitrio. No hay nadie que pueda querer en lugar mío. No hay nadie que pueda reemplazar mi acto voluntario por el suyo. Sucede a veces que alguno desea fervientemente que yo desee lo que él quiere; entonces aparece como nunca esa frontera infranqueable entre él y yo, frontera determinada precisamente por el libre arbitrio. Yo puedo no querer lo que el otro desea que yo quiera, y en esto es en lo que soy *incommunicabilis*.[36]

Lo anterior pone de manifies o que la libertad personal no es solamente la propiedad de algunos actos voluntarios –como la entendió la filosofía clásica y gran parte de la moderna, que ubicaron la libertad dentro del esquema de la naturaleza humana–. La persona es libre en un sentido más profundo y radical, desde una libertad que se relaciona con su dignidad, su autopropiedad y su autodeterminación.[37] Desde luego, esta autopropiedad lleva consigo que nadie tenga derechos sobre otra persona, y por esto podemos afi mar que la dignidad de cada uno es intrínseca e inviolable. El mismo Kant reconoció esto claramente, cuando describió a la persona como *fin en sí mismo*, estableciendo que la persona no debe nunca ser usada sólo como medio, sino siempre además como fin [38]

Hasta ahora hemos visto que la diferencia radical que separa a la realidad humana de cualquier otro ser vivo es, justamente, su carácter de propiedad. Sin embargo, la persona no es un ser estático o cerrado en sí mismo, sino que está abierto a los demás. Ésta es la segunda característica con que los capadocios del siglo IV

---

[36] Karol Wojtyla, *Amor y responsabilidad,* Madrid, Razón y Fe, 1978, p. 17.

[37] Este carácter absoluto de la persona fue defendido por la filosofía moderna en el concepto de autonomía de la subjetividad. Pero la modernidad entendió la libertad como pura emancipación, separándola por completo de la naturaleza y del ser personal. Una libertad así entendida es una fuerza ciega, que se dispara sin un sentido claro más que el de su propia autorrealización, por lo cual algunos autores, como Leonardo Polo, aseguran que tampoco la modernidad acabó de comprender en qué consiste la libertad ni por qué existe. Cfr. Leonardo Polo, *Persona y libertad*, Pamplona, EUNSA, 2007.

[38] Cfr. Immanuel Kant, *Fundamentación de la metafísica de las costumbres*, México, Austral, 1967.

describieron a la persona. Además de su carácter de subsistencia, añadían un aspecto inseparable: su relacionalidad.[39] Por su inteligencia y libertad, la persona es capaz no sólo de tener –capacidad, por cierto, que no tienen los animales–,[40] sino de dar y, sobre todo, de darse a sí misma, precisamente porque su ser es suyo. Se trata de una apertura relacional intrínseca, que algunos autores han descrito como *ser-con*: "Existir es existir *con* –con cosas, con otros, con nosotros mismos–. Este *con* pertenece al ser mismo del hombre: no es un añadido suyo. En la existencia va envuelto todo lo demás en esta peculiar forma del *con*".[41] A esto, Leonardo Polo lo llama *co-existencia*, que quiere decir que el acto de ser del hombre no se limita a ser, sino que es *ser-con*. La persona, en este sentido, es un añadido de ser, pues añade al ser el acompañamiento personal. Para Polo esto es algo más profundo que el hecho de que somos muchos. Quiere decir que si la relacionalidad de la persona está intrínsecamente unida a su ser, entonces la persona es ontológicamente co-existencia, lo cual indica que una persona no puede ser sola, pues sería un absurdo total, "una desgracia absoluta, porque no tendría con quien comunicarse ni a

---

[39] La descripción de la persona que formularon los teólogos capadocios del siglo IV se completa así como "subsistente relacional". Es notorio que ambas características se hayan perdido en la definición de Boecio, pues esto contribuyó a que, eventualmente, la modernidad concibiera al ser humano como "individuo" aislado e independiente.

[40] Es interesante mencionar aquí la distinción que Leonardo Polo realiza entre la naturaleza animal y la naturaleza humana. Para él, lo característico de la naturaleza humana es su inédita "capacidad de tener", que se advierte en tres niveles distintos: *a)* tener con el cuerpo, a través del hacer; *b)* tener incorpóreo e inmanente, por ejemplo, en el conocer; *c)* tener en el nivel intrínseco más profundo, en el que la naturaleza se perfecciona a través de sus actos, por medio de los hábitos. Polo argumenta que Aristóteles no dice que el hombre sea un animal racional; dice que es el animal que *tiene* logos. En resumen, "lo rigurosamente característico del hombre (y esto es digno hoy de una larga meditación) es el tener". Esto nos lleva a una definición más profunda de la naturaleza humana, que se caracteriza "como aquélla en la cual se da la relación medio/fin, pues en tanto que la capacidad de tener se ejerce en un nivel inferior, se ordena a un fin [...]. En la medida en que ejerce la relación medio/fin, el hombre es dueño de su conducta práctica desde sus operaciones inmanentes, y dueño de estas últimas desde las virtudes. Esa capacidad de tener le hace dueño de sus actos, lo que significa ya libertad, *el primer nivel en el que se manifiesta la libertad humana*." Leonardo Polo, "Tener y dar", en *Sobre la existencia cristiana*, Pamplona, EUNSA, 1996, pp. 106-107. Cursivas de la autora.

[41] Xavier Zubiri, "En torno al problema de Dios", en *Naturaleza, historia, dios*, Madrid, Alianza, 1994, p. 429.

quien darse, a quien destinarse".[42] Es verdad que las personas son irreductibles, pero esta incomunicabilidad no significa aislamie to:

> En suma, el hombre no está hecho para ser solitario, el hombre no es un ser monádico; si lo objetivamos, si conociéramos estrictamente al ser humano de modo meramente objetivo, tendríamos que decir que el ser humano es único: es eso y nada más que eso; pero el ser humano no es eso y nada más que eso, sino que el ser humano está constitutivamente abierto. Esa apertura lo hace a él mismo transcendental, *transcendens;* y ese transcender no es hacia el imperativo categórico, porque el imperativo categórico es impersonal; ¿cómo es posible que yo me conozca en el imperativo categórico? Yo sólo me conozco como co-existente; si no, no me conozco, porque soy coexistente.[43]

Este peculiar modo de ser nos permite afi mar que lo más propio de la persona no es su carácter de autopropiedad, sino el hecho de que, precisamente por ser dueña de sí misma, se puede dar. Por eso, para Karol Wojtyla, de un modo más radical aun que el "ser-*con*", el sentido de la libertad es el "ser-*para*".[44] Que la persona sea co-existencia significa, entonces, que sus dos dimensiones estructurales –su subsistencia y su relacionalidad– no se pueden separar ni son momentos temporales. No es que primero la persona sea única e irrepetible y luego, después, se relacione con los demás. Significa que cada uno está ontológicamente abierto a otros, al mismo nivel que es autopropietario de sí mismo.

La gran novedad de una antropología así planteada radica, justamente, en que permite comprender a la persona como don:

> Así como al estudiar al ser humano desde la naturaleza se advertía que el hombre es un ser capaz de tener, tanto en su cuerpo como en su psique, gracias a los hábitos, considerada en cuan-

[42] Leonardo Polo, "Por qué una antropología trascendental", en *Presente y futuro del hombre,* 2a. ed., Madrid, Ediciones Rialp, 2012, p. 167.

[43] Leonardo Polo, "Planteamiento de la antropología trascendental", en I. Falgueras, *Antropología y trascendencia,* Málaga, Servicio de Publicaciones, 2008, p. 29.

[44] Al respecto, destaca también el trabajo de Emmanuel Lévinas sobre el *ser-para.* Cfr. Emmanuel Lévinas, *De otro modo que ser o más allá de la esencia,* Salamanca, Sígueme, 1987.

to persona, el ser humano es capaz de dar, de darse a sí mismo, de vivir para otro. Se trata de una consecuencia importante de la diferencia entre la naturaleza y la persona: en su naturaleza psicosomática el hombre es capaz de tener, y porque es persona, es capaz de dar. La donación, donación de sí, tiene que ver directamente con la persona.[45]

Una visión así del ser humano permite plantear la confrontación entre naturaleza y cultura desde otra perspectiva. Para estos pensadores, está claro que la noción de naturaleza no basta para explicar al ser humano en toda su profundidad, pero tampoco lo hace una libertad entendida como pura espontaneidad. Autores como Polo o Wojtyla constatan que la ausencia del concepto de "naturaleza" tiene más inconvenientes que ventajas para la antropología, pues describe ciertas dimensiones reales de la persona que no deberían evadirse. Habría que conservar la noción de "naturaleza humana" para hablar de la unidad psicosomática entre cuerpo y alma, en la línea de la composición hilemórfica que descubrió Aristóteles, pues esta naturaleza constituye la esencia inicial que cada ser humano recibe en el momento de su nacimiento, y que le define como individuo de una especie. Una esencia, sin embargo, que no designa absoluta determinación, pues, ciertamente, el hombre es capaz de completarla o perfeccionarla a lo largo de su vida. Por su libertad, podemos afi mar que la persona, en contraste con el resto de los seres del cosmos, es poseedora de una naturaleza que, aunque vinculada con determinadas leyes, no está completamente programada. En ella se le ofrecen al hombre ciertas estructuras universales, desde las que puede ir desarrollando múltiples capacidades a lo largo de su vida. Zubiri se refie e, por ejemplo, a la "esencia abierta" de la persona, pues gran parte de sus cualidades las adquiere por autodeterminación.

Polo habla de la capacidad de tener, a través de la cual, en su nivel intrínseco más profundo, la naturaleza humana se perfecciona por medio de hábitos adquiridos.[46] Esto pone de manifies o que, en la persona, más que estar contrapuestas, la naturaleza y la

---

[45] Blanca Castilla, *op. cit.*, pp. 111-112.
[46] Cfr. Leonardo Polo, "Tener y dar", pp. 106-107.

cultura se van entrelazando. Una es la posibilidad de la otra, porque la naturaleza humana es intrínsecamente cultural. Su desarrollo es, precisamente, la cultura, no sólo en el marco de las acciones externas, sino también en el marco de la propia personalidad. Por eso, para poder resolver el enfrentamiento entre naturaleza y cultura, se requiere de otro elemento que pueda dar cuenta de ambas en el mismo nivel: la persona libre que, en su núcleo más profundo, es autopropietaria de sí misma e intrínsecamente relacional:

> Para clarificar el debate naturaleza-cultura se requiere de otro elemento, el de la persona libre, que es la que dirige en gran parte la realización cultural de su propia naturaleza, eligiendo entre sus posibilidades de las que dispone. Desde esta óptica se advierte que la principal diferencia entre una naturaleza humana y cualquier otra del cosmos es su capacidad de crecimiento o desarrollo mediante los hábitos, mientras que la capacidad de aprendizaje animal es siempre muy limitada. El motor del desarrollo humano está dentro de cada ser humano, en el núcleo de su ser personal, que es libre.[47]

3.3. Hacia una ontología de la diferencia sexual

Tras describir en el apartado anterior algunos de los avances de la antropología filosófic en el siglo xx, que formula una noción más profunda de persona, parece abrirse un nuevo ámbito teórico para plantear el enclave y el sentido de la libertad –que la modernidad, de la que han heredado su pensamiento las autoras estudiadas, entiende casi exclusivamente en términos de cultura–, así como una novedosa refl xión filosófic sobre la diferencia sexual. A propósito he dejado para el final la propuesta de algunos autores recientes, quienes han pensado la diferencia sexual en el marco ontológico de la persona, como la hemos descrito. Recordemos que durante siglos

---

[47] Blanca Castilla, *ibid.*, p. 75.

la antropología pensó al ser humano de un modo asexuado y neutro. En realidad, fue hasta el siglo XX –principalmente por obra del psicoanálisis y de los movimientos feministas– que la diferencia sexual fue puesta sobre la mesa en las discusiones académicas y políticas, e incluso ahora pocos autores la han estudiado a fondo. En ese sentido escribe Blanca Castilla:

> El famoso tratado de antropología de Martin Buber lleva por título *Qué es el hombre*. Otros han titulado el suyo más certeramente *Quién es el hombre*, pero en ambos casos esos estudios se enfocan de modo general o asexuado, como ha sido habitual secularmente. Ya Ortega y Gasset advirtió a Husserl que su teoría del "otro" era asexuada y, por tanto, no valía para el conocimiento de las personas concretas y, menos, cuando el "otro" era una mujer. Derrida hace la misma observación respecto a Heidegger, y Julián Marías confiesa que hasta su libro *Antropología metafísica* no encontró en ningún otro un tratamiento de la condición sexuada insertado en un contexto sistemático. Efectivamente. Puede parecer sorprendente, pero la diferencia entre varón y mujer se ha dado siempre por supuesta y apenas hay refl xión sobre ella: se trata de una evidencia olvidada.[48]

De aquí que Foucault haya podido afi mar que "la sexualidad es un invento reciente",[49] pues frente a las teorías de género que predominan en la actualidad, el desarrollo antropológico que presento a continuación parte de la premisa de que no tiene sentido saber quién es la mujer si no sabemos quién es el varón, porque ambos sexos se implican mutuamente. Comprender así la condición sexuada implica situar la cuestión en un plano más amplio que el de la naturaleza y la cultura, lo que nos permitiría acceder a una explicación más profunda de la realidad humana. Recogeremos ahora, brevemente, las intuiciones de algunos de estos autores, cuyas propuestas parecen abrir nuevas perspectivas del problema que nos ocupa.

---

[48] Blanca Castilla, "¿Quién es la mujer? El genio de la mujer", en *Quién*, núm. 3, 2016, pp. 69-85.

[49] Cfr. Michel Foucault, *Historia de la sexualidad I: la voluntad de saber*, Madrid, Siglo XXI, 1978. Cfr. Miguel Morey, "La historicidad de la sexualidad. Refl xiones a partir de Foucault", en *Estudios sobre la sexualidad en el mundo contemporáneo*, Instituto de Ciencias para la Familia, Pamplona, Navarra Gráfica, 2002, p . 769-785.

Siguiendo la metodología que autores como Max Scheler y Karol Wojtyla han planteado, lo primero que habría que decir es que la antropología debe empezar con la corporeidad como su punto de partida, pues en ella se manifiesta todo lo que la persona es. Wojtyla constata, por ejemplo, que el cuerpo, como dato antropológico originario, traduce plásticamente la realidad personal del hombre. Esto quiere decir que, a través del cuerpo y de lo que éste manifiesta, es posible acceder a las dimensiones más profundas de la persona humana: "El cuerpo expresa la persona. Es, pues, en toda su materialidad (*formó al hombre del polvo de la tierra*), como penetrable y transparente, de modo que deja claro quién es el hombre (*y quién debería ser*)".[50] Partiendo, entonces, del cuerpo como dato originario de cualquier conocimiento antropológico, la sexualidad humana se revela también personal, como corresponde a nuestra condición de personas corpóreas. Corrigiendo la unilateralidad del planteamiento freudiano de la sexualidad, el filóso o español Julián Marías retoma una distinción lingüística que permitiría explicar mejor este rasgo de nuestra sexualidad, haciendo uso de los adjetivos *sexual* y *sexuado*:

> La actividad sexual es una limitada provincia de nuestra vida, muy importante, pero limitada, que no comienza con nuestro nacimiento y suele terminar antes de nuestra muerte, fundada en la condición sexuada de la vida humana en general, que afecta a la integridad de ella, en todo tiempo y en todas sus dimensiones.[51]

Así entendida, la sexualidad humana no se reduciría a unos órganos genitales, ordenados a cierta función específica, que es la reproducción, sino que abarcaría todas las dimensiones de la persona. Se habla de *condición sexuada* porque, en el ser humano, la sexualidad abarca no sólo aspectos biológicos, sino también psicológicos, sociales y personales. La diferencia entre la sexualidad animal y la humana expresa claramente lo que Julián Marías pretende explicar con esta distinción lingüística. Como es evidente, la primera es una actividad que funciona siempre en orden a las necesidades

---

[50] K. Wojtyla, *Hombre y mujer los creó. Catequesis sobre el amor humano*, cap. 7, n. 2, Madrid, Ediciones Cristiandad, 2010.

[51] Julián Marías, *Antropología metafísica*, Madrid, Revista de Occidente, 1970, p. 160.

biológicas de la reproducción de la especie y el intercambio genético. Por lo mismo, está limitada en leyes fijas y tiempos determinados, pero en la sexualidad humana aparece un factor específi o, la comunicación, que involucra el lenguaje, la inteligencia, la libertad, el reconocimiento del otro como persona, la creatividad y, por supuesto, la capacidad de amar –todo lo cual hace del acto sexual algo dinámico, personal y espontáneo–. Un acto que, en palabras de Marías, está fundado en la condición sexuada de la vida humana en general.

Siguiendo en esta línea de que el cuerpo es expresión de la persona,[52] Wojtyla afi ma que "la función del sexo, que en cierto sentido es *constitutivo de la persona* (no sólo *atributo de la persona*), demuestra lo profundamente que el hombre, con toda su soledad espiritual, con la unicidad e irrepetibilidad propia de la persona, está constituido por el cuerpo como *él o ella*".[53] En otras palabras, lo que el autor polaco propone es que la diferencia sexual –ser varón o ser mujer– es una dimensión intrínseca de la persona, y no sólo un atributo tangencial. Se trataría, entonces, de una cuestión ya no sólo psicológica, cultural o biológica, sino ontológica, que atraviesa todo el ser de la persona. Como se puede ver, una interpretación como la que proponen Marías o Wojtyla implica que la sexualidad es intrínseca al ser personal, particularmente en esas dos dimensiones principales de la intimidad humana: su identidad personal y su relacionalidad. La cuestión estriba, ahora, en explicar cómo la condición sexuada expresa, desde su corporeidad, tanto la unicidad como la apertura relacional del ser personal. Del discurso de Wojtyla podríamos concluir que estas dos dimensiones se manifiestan en el sexo. Por un lado se afi ma que la condición sexuada configu a la identidad de la persona, al punto de que la masculinidad y la feminidad son como

> dos *encarnaciones* de la misma soledad metafísica frente a Dios y frente al mundo; dos modos de *ser cuerpo* y a la vez hombre,

---

[52] Que "el cuerpo es expresión de la persona" es algo que Karol Wojtyla sostuvo también en su principal obra antropológica, *Persona y acción*. Cfr. Karol Wojtyla, *Persona y acción*, Madrid, BAC, 1982.

[53] K. Wjotyla, *Hombre y mujer los creó,* cap. 21, n. 79.

que se complementan recíprocamente; dos dimensiones complementarias de la autoconciencia y de la autodeterminación y, al mismo tiempo, como dos conciencias complementarias del significado del cue po.[54]

La condición sexuada de varón o mujer determinaría, así, la identidad personal, pero también, y de un modo más profundo, la masculinidad y feminidad manifiestan, a través del cuerpo, esa dimensión de apertura recíproca que hace de nuestro ser un *ser-para*, cuestión que toma de Lèvinas, el autor que más a fondo lo ha desarrollado:[55]

> Atravesando la profundidad de esta soledad originaria surge ahora el hombre en la dimensión del don recíproco, cuya expresión –que por esto mismo es expresión de su existencia como persona– es el cuerpo humano en toda la verdad originaria de su masculinidad y feminidad. El cuerpo, que expresa la feminidad *para* la masculinidad, y viceversa, la masculinidad *para* la feminidad, manifiesta la eciprocidad y la comunión de las personas.[56]

Sin duda, una propuesta como ésta es muy seria, pues explica que el sexo modula las dos dimensiones estructurales del ser personal. Que el *sexo es constitutivo de la persona* significa que no se puede ser persona sin estar constitutivamente abierto a la relación, y que en eso consiste, precisamente, la condición sexuada. Masculinidad y feminidad serían, entonces, dos modos distintos, pero complementarios, en que se estructuran la identidad y la apertura personales. En palabras de Julián Marías, la diferencia sexual se presenta como una *referencia recíproca intrínseca*, según la cual, "ser varón es estar referido a la mujer, y ser mujer significa estar referida al varón, siendo la diferencia entre ellos relacional, como la de la mano derecha respecto a la mano izquierda".[57] Efectivamente, si no hubiera más que manos izquierdas, no serían izquierdas, pues, "la condición de

---

[54] K. Wojtyla, *op. cit.*, cap. 8, n. 1.

[55] Cfr. Emmanuel Levinas, *Totalidad e infinito. Ensayo sobre la exterioridad,* Salamanca, Sígueme, 1977; *Humanismo del otro hombre*, México, Siglo XXI, 1974; *De otro modo que ser o más allá de la esencia*, Salamanca, Sígueme, 1987.

[56] K. Wojtyla, *Hombre y mujer los creó*, cap. 14, n. 4.

[57] Julián Marías, *La mujer y su sombra*, Madrid, Alianza, 1987, p. 54.

izquierda –también en lo político– le viene a la izquierda de la derecha".[58] Parece, entonces, que la explicación de la diferencia sexual se encuentra, sobre todo, en la dimensión relacional de la persona pues, más que nunca, se manifiesta en el modo de estar frente a los otros.

Profundizando en lo que esta "referencia recíproca intrínseca" podría significa , Blanca Castilla plantea la diferencia sexual como una diferencia que constituye al varón y a la mujer como personas relacionalmente distintas, en el sentido de que "cada persona, para amar, es apertura de sí misma, pero se puede abrir de un modo diferente y complementario. Esto es lo que parece que ocurre entre el varón y la mujer".[59] La mujer, por tanto, sería un quien personal, un alguien que se abre al varón, a los demás y al mundo de un modo peculiar en su sentir, su inteligir y su donar, y viceversa. El varón sería un quien personal, un alguien que se abre a la mujer, a los demás y al mundo de un modo peculiar en su sentir, su inteligir y su donar. Sólo así sería posible encontrar una explicación ante la transversalidad de esa condición sexuada que se manifiesta en todas las dimensiones humanas: cuerpo, mente, sentimientos y espíritu. Y, ¿qué significa que la mujer y el varón se abren al mundo *de un modo peculiar*? Para esta autora, se podría decir que la apertura constitutiva de la persona tiene dos modalidades: "El varón se abre de un modo peculiar, *hacia fuera*. La mujer también se abre a los demás con su modo, *hacia adentro*". Castilla acude a la analogía de la intimidad sexual para profundizar en esta idea. Aunque, indudablemente, el acto sexual no es el único ni el principal modo de relación, manifiesta de manera plástica esta realidad: saliendo *de él*, el varón se entrega a la mujer y se queda *en ella*. La mujer se da, pero sin salir de ella. Es apertura, pero acogiendo *en ella*. Su donación, su forma de entregarse, es distinta a la del varón pero complementaria, pues se trata de dos modos relacionales de apertura. Tanto es así que "sin la mujer, el varón no tendría dónde ir. Sin el varón, la mujer no tendría a quién acoger".[60]

---

[58] Julián Marías, *ibidem*.

[59] Blanca Castilla, "¿Quién es la mujer?", p. 79.

[60] Blanca Castilla, "¿Quién es la mujer?", p. 81. Es interesante que Luce Irigaray, representante emblemática del feminismo de la diferencia, recoja con otras palabras esta misma idea:

Al decir el hombre, Heidegger no pensaba en el género masculino, al menos no lo nombró como tal. Ahora bien, la técnica,

Todo lo anterior podría explicar la diferencia principal entre el varón y la mujer: se trata de dos tipos de personas distintas que se abren entre sí de un modo respectivo, diferente y complementario. En consecuencia, se podría concluir que la condición sexuada moldea a tal punto a la persona, que bien podríamos hablar de *persona femenina* y *persona masculina,* usando la terminología de Julián Marías.[61] La diferencia sexual se trataría, entonces, de una diferencia en el mismo interior del *ser,* y como el ser humano es personal, sería una diferencia en el seno mismo de la persona. Desde luego, habría que decir que esta diferencia ontológica está marcada por una característica muy importante, propia de la relacionalidad, y es que no tiene sentido sin el referente opuesto. Varón y mujer, cada uno en su diferencia, es la afi mación del otro, lo cual se manifiesta de un modo claro en la vida práctica, cuando ambos aportan lo específi o y lo ponen al servicio del otro. En efecto, "la masculinidad y la feminidad, cuando unen sus recursos en un objetivo común, se potencian y entre los dos son capaces de conseguir lo que no pueden hacer aisladamente cada uno".[62] Esta complementariedad y mutuo enriquecimiento se da en todas las esferas de la vida: en la familia, en el trabajo, en la cultura, en el arte, en el deporte, etc. Por eso, para Wojtyla sólo esta unidad de los dos, en la que varón y mujer consiguen vivir uno para el otro, es fuente de plena fecundidad, no sólo en el actuar externo, sino en el desarrollo de la personalidad de cada uno. Feminidad y masculinidad serían, entonces, imprescindibles cada una para el conocimiento de la otra.

Un planteamiento como el que proponen estos autores quizás permitiría resolver uno de los principales problemas con los que se ha enfrentado la lectura de la diferencia sexual en Occidente. En efecto,

---

el misterio del reino de la técnica, se explica quizás a partir de una subjetividad masculina inconsciente de sí misma. Diversos motivos conducen al varón a privilegiar la técnica: *un hacer fuera de sí,* un disponer ante sí, *un desvelar hacia el exterior,* un hacer aparecer la verdad por la fuerza y la habilidad en otro distinto de sí. Se trata sin duda de la relación del varón con quien lo ha engendrado –él es quien no engendrará jamás en sí, y quien debe fabricar cosas fuera de sí para diferenciarse de la madre. Él es también quien debe hacer en el exterior, mientras que la madre engendra en el interior. El varón engendra fuera de sí y ama fuera de sí, incluso cuando fabrica y cultiva fuera de sí para existir, para ser. Este modo de hacer le es propio. La mujer deviene o deja devenir en sí, a sí misma y al otro. Ella deja devenir en sí a la mujer, al hijo, al varón. […] La mujer deviene ella misma *en sí misma".* Luce Irigaray, *Ser dos,* Barcelona, Paidós, 1998, pp. 91-92.

[61] Cfr. Julián Marías, *Antropología metafísica,* Madrid, Revista de Occidente, 1970.

[62] Blanca Castilla, "¿Quién es la mujer?", p. 83.

una comprensión así de la condición sexuada supone haber anclado la diferencia definiti amente en la igualdad. (Esta es una conclusión muy interesante, que no deberíamos pasar por alto sin antes haberla considerado seriamente.) En palabras de Blanca Castilla: "Lo distinto a la persona –en su mismo nivel– debe tener el mismo rango. No puede ser, por tanto, sino otra persona. [...] Varón y mujer, cada uno, es persona. Tienen la misma categoría: la diferencia entre ellos posee el mismo rango ontológico. La diferencia no rompe la igualdad".[63] Efectivamente, en el ámbito ontológico de rango personal, la unidad no es indiferenciada, sino que, "sin dejar de ser *unidad,* acoge en su seno la *diferencia* personal. Y esas diferencias, por ser relacionales, no obstaculizan la unidad, sino que la hacen posible".[64] El modelo de género que resulta de una interpretación como ésta es, sin duda, el *modelo de la complementariedad-corresponsabilidad,* que defiende una interdependencia entre los sexos, esto es, una *igualdad en la diferencia* que reivindica la presencia e interrelación de ambos sexos en el mundo de lo privado y de lo público. Por lo mismo, este modelo busca un equilibrio entre "lo dado" (el dato biológico, la naturaleza) y "lo construido" (la realización social, la cultura) de la identidad sexual. Supone abandonar los esquemas patriarcales, pero también los igualitaristas, para dar paso a una visión corresponsable y complementaria de los sexos. Así las cosas, la profundidad de la diferencia sexual encontraría su razón de ser en lo más íntimo de la persona, en su capacidad de apertura relacional, lo cual haría de ella una cuestión radicalmente ontológica. Esa peculiar diferencia consiste en "ser relacionalmente cada una la afi mación de la otra",[65] por lo cual sería posible afi mar que la mujer no se entiende sin el varón, y que el varón no se entiende sin la mujer.

---

[63] Blanca Castilla, "¿Quién es la mujer?", p. 82.

[64] *Ibidem.*

[65] Blanca Castilla, *Dignidad personal y condición sexuada…,* p. 173.

Conclusiones

Lo expuesto permite dibujar un mapa conceptual para comprender con mayor claridad la noción de género, su presencia en los discursos contemporáneos y la perspectiva antropológica que sostiene una visión de la diferencia sexual como la que se ha planteado hasta el día de hoy. Es evidente que en este libro habría sido imposible alcanzar una visión madura y completa sobre el tema. Por eso insisto en que mi trabajo recoge una primera aproximación al problema de nuestra condición sexuada. Una aproximación que, sin embargo, arroja luces interesantes, que bien podrían convertirse en la fuente de futuras investigaciones sobre el tema. Principalmente, porque pone de manifiesto que la antropología que se hizo hasta el siglo xx fue asexuada. La historia de la noción de género, como se presenta en el primer capítulo, demuestra que el feminismo ha sido un movimiento intelectual, social y político mucho más complejo y dilatado de lo que comúnmente se cree. No se trata de un solo feminismo, sino de varios que han surgido en diferentes etapas de la historia, buscando responder a los diversos desafíos de su tiempo. Una cosa es cierta: las distintas olas del feminismo han puesto de manifiesto la escasa reflexión efectuada sobre la mujer en casi toda la historia de la filosofía. En efecto, la diferencia sexual fue una evidencia olvidada para prácticamente todas las ramas del saber hasta el siglo xx. Y si tuviéramos que considerar una única aportación de este movimiento, la más importante de todas sin duda podríamos decir que es haber contribuido a colocar la condición sexuada en el primer plano de los estudios antropológicos. Es relevante notar aquí que ha sido en la mujer, y no en el varón, sobre quien se han efectuado la mayoría de las investigaciones al respecto. El modelo patriarcal favoreció fuertemente la posición social y familiar del varón durante siglos, pero dicha realidad práctica no fue necesariamente sinónimo de reflexión antropológica. Los estudios sobre el ser humano que predominaron por tantos años en la filosofía fueron, por tanto, asexuados, con lo cual no sólo desconocimos quién es la mujer, sino también quién es el varón. El feminismo nos ha hecho avanzar mucho en la comprensión de la primera, pero poco en la del segundo.

Es necesario reconocer también que la diferencia ha sido considerada sinónimo de subordinación en casi toda la historia de la antropología. Así lo hizo el patriarcado, y así lo siguen haciendo los diversos modelos de igualdad que predominan actualmente. Una rama considerable de las teorías de género ha visto en la diferencia una huella imborrable de jerarquía y subordinación. La solución propuesta –y aceptada en gran medida por la opinión pública– ha sido disolver la diferencia sexual, en nombre de la igualdad y de la dignidad personal. Al respecto se puede concluir que, aunque el posfeminismo de género –como es planteado por la teoría *queer*– acierta en muchas de sus críticas, tampoco resuelve satisfactoriamente el problema, y la antropología que propone adolece de ciertas incongruencias que limitan nuestra comprensión de la persona humana. En efecto, los diversos modelos de la relación sexo/género que han surgido en la historia han motivado gran cantidad de estudios que hoy versan en torno a estas cuestiones. De un modo particular, en el campo de dichos avances teóricos, es la vida práctica la fuente primera de inspiración. Los planteamientos sobre género que hemos expuesto antes han sido un intento muy serio de comprender la conformación de la identidad personal, en el inmenso panorama de las personas reales que sufren, caminan, lloran, aman y ríen en el mundo, desde diversas culturas y en diferentes momentos de la historia. La riqueza y la dificultad de este tema radica, por ello, en el peligro especulativo de perder el contacto con la verdadera experiencia de los hombres y las mujeres de la vida cotidiana, cuyas vidas estos estudios pretenden alumbrar y enriquecer. Desde esta perspectiva, indudablemente podemos agradecer a la historia del feminismo el haber puesto de manifiesto que existen modelos de género, como el patriarcado, que no son acordes con la dignidad de la persona. Hemos oído siempre que el modelo patriarcal, durante siglos atacó frontalmente la dignidad de la mujer. Sin embargo, podríamos afirmar que el modelo patriarcal daña igualmente la dignidad del varón, en tanto una visión corresponsable y complementaria de la diferencia sexual muestra que ambos sexos se necesitan y se implican mutuamente. Perder de vista al sexo opuesto en la conformación de la propia identidad y en la construcción de la sociedad, empobrece gravemente la realidad humana. Por ello, un modelo igualitarista de género, que proclama una igualdad homogénea en nombre de la dignidad, tampoco parece apuntar hacia la verdadera plenitud de la diferencia.

Recordemos que la guerra de la diferencia sexual ha estado basada en una antropología de la cultura y de la libertad. Entre los diversos estudios sobre feminismo que la filosofía ha generado desde el siglo pasado, las aportaciones de Margaret Mead, Simone de Beauvoir y Judith Butler ilustran el camino que el género ha tomado en la historia de la antropología, y ha quedado claro que sus proyectos discuten con la cultura y la naturaleza, como si se tratara de dos conceptos irreconciliables. Para estas autoras la cultura se identifica plenamente con la libertad –razón por la que pretenden anular la naturaleza en la conformación de la identidad–. En un sentido, Mead, Beauvoir y Butler tienen razón al criticar las filosofías formalistas y estáticas en las que derivó el rigor racional y lógico de la metafísica escolástica. Efectivamente, aquellos enfoques perdieron la vida y desecaron la realidad, sobre todo al intentar dar cuenta de la libertad humana. Sin embargo, hemos visto que anular el concepto de naturaleza trae más inconvenientes que ventajas para la antropología, pues describe ciertas estructuras universales e ineludibles, desde las que el ser humano va desarrollando múltiples capacidades a lo largo de su vida. Ahora bien, la lectura de conjunto sobre estas autoras pone de manifiesto que si bien anular la naturaleza no resuelve el problema, absolutizar la cultura tampoco. Desde esta perspectiva, podemos decir que Mead, Beauvoir y Butler tienen razón en mucho de lo que critican, pero sus propuestas son insuficientes y, en algunos casos, incongruentes con el mismo proyecto que persiguen. Tal es el caso de Simone de Beauvoir, quien terminó por diluir la diferencia sexual en un asimilacionismo que le impidió reconocer una aportación original de la mujer, comprometiendo así cualquier posible discurso sobre la complementariedad entre los sexos. El planteamiento de Judith Butler enfrenta el mismo problema pues, al diluir toda la realidad de la persona en una mera construcción lingüística y cultural, es incapaz de justificar un proyecto que luche por validar la dignidad de aquellas vidas excluidas que pertenecen a los grupos minoritarios de distintas preferencias sexuales. Y la misma Margaret Mead reconoció que el planteamiento inicial de su trabajo en *Sexo y temperamento* presentaba esta dificultad, lo que le llevó a concluir que los modelos de género no pueden prescindir de ciertas diferencias sexuales primarias. Parece innegable, entonces, que contraponer cultura y naturaleza en la conformación de la identidad sexual es un proyecto que no resuelve el problema satisfactoriamente. Porque si el único presupuesto humano es una libertad absoluta, entonces cualquier producto cultural tendría el mismo valor. ¿Con base en qué se podría juzgar ilegítimo el modelo binario de la diferencia sexual? Insisto en que abogar por el reconocimiento de los derechos y la dignidad de cualquier persona, independientemente de su preferencia sexual o género, es un proyecto válido y necesario, pero no queda claro en qué sentido eliminar la diferencia sexual debe ser un paso forzoso para avanzar en equidad. Más aún, desde una perspectiva como la que se plantea en el último capítulo, se podría afirmar que sin la condición sexuada no es posible penetrar en las realidades más profundas de la persona humana.

Lo anterior parece apuntar hacia una deficiencia en el modo en que estas autoras explican la libertad. Efectivamente, Mead, Beauvoir y Butler hablan de la diferencia sexual y del género sobre el planteamiento de una libertad que permanece al nivel de la cultura, es decir, al nivel de las obras. En cambio, que desde la persona se puede hablar de libertad en un sentido más trascendente: el del *ser-para*. La persona no trata sólo sobre las acciones libres, sino, ante todo, sobre aquello que me permite hacerlas: el hecho de que mi ser es mío. Recordemos que Zubiri muestra que el ser personal tiene que ver con la propiedad, una propiedad que está más allá de lo material, e incluso más allá de la elección libre de mis actos, por lo cual soy propietario de ellos. El género –como lo entienden Mead, Beauvoir y Butler– está en este nivel, pero ser persona es algo más profundo: es ser propietario de mí mismo y de mi propia realidad. Mi ser, en este sentido, es un don con la espectacular característica de que se me da para que sea *mío*. Soy propietario de lo que he recibido, y precisamente por ello soy responsable de lo que soy. Podríamos añadir aquí que lo más interesante de este don recibido es que no es vacío, sino que está cargado de riquezas que se pueden reconocer y respetar. El don de mi ser no sólo es libertad. Tiene también inteligencia y, sobre todo, tiene una apertura relacional. Por eso nuestra libertad no es una libertad arbitraria y vacía: tiene capacidad de *acertar* y de *dar*. Sin embargo, Margaret Mead, Simone de Beauvoir y Judith Butler presentan una libertad que busca querer por el querer mismo. Por eso, desde una antropología como la suya, es imposible concebir la libertad como don.

Ahora bien, si es cierto que en la conformación de la identidad personal se entrelazan íntimamente la naturaleza y la cultura, entonces nuestra perspectiva de la naturaleza humana tendría que cambiar radicalmente. No es raro que quienes defiende el concepto de naturaleza, enfocándola desde esquemas clásicos, levanten barreras ante la idea de una "libertad irrestricta" que pretenda prescindir del peso de realidad que la condiciona, es decir, la naturaleza. La barrera se levanta ante la posibilidad de concebir una libertad que valide y haga verdadero todo aquello que uno quiera, por el simple hecho de que el querer es libre. Plantear así la cuestión supone presentar la naturaleza humana desde un plano negativo, como si ésta fuera un molde que impone límites a la libertad. Es evidente, entonces, por qué pensadoras como Mead, Beauvoir o Butler se revelarían ante una concepción antropológica en la que parece que la naturaleza tiene más fuerza que la propia libertad. Desde luego, éste es un planteamiento muy pobre de la naturaleza humana. Más que irrestricta, la noción de una libertad que valida todo lo que uno quiere es la de una libertad ciega, sin fin ni objetivo, que con frecuencia se vuelve una libertad errática, que no acierta ni consigue nada. Libertad no puede ser sinónimo de actuar por capricho, porque no cualquier ánimo llega a nuestros propósitos.

Libertad no es sólo querer, sino saber lo que se quiere, y para esto es necesaria una libertad inteligente, una libertad que acierte. Desde este enfoque es posible presentar la naturaleza no como "aquello que me impone límites", sino, ante todo, como aquello que me ofrece pautas para conocer lo que soy. Nuestra libertad es irrestricta no porque valide cualquier querer, sino porque tiene la capacidad de crecer ilimitadamente. Es irrestricta desde un plano positivo, no negativo. Lo mismo sucede con nuestra naturaleza. Como sostiene Wojtyla, el cuerpo debe ser el punto de partida de la antropología, puesto que manifiesta y expresa todo lo que la persona es. La libertad se presenta, entonces, guiada por una inteligencia que reconoce en la naturaleza las pautas que para conocer lo que somos y podemos dar, porque la persona da conforme a lo que es. Todo esto es fundamental para comprender un modelo de género como el que hemos estudiado en el tercer capítulo porque, si la condición sexuada no sólo es una cuestión biológica y cultural, sino ontológica, entonces estructura las notas más características de la intimidad personal: su libertad, su inteligencia y su apertura relacional. Una antropología como la que proponen estos autores parte del hecho de que cualquier conocimiento acerca de la persona tiene que empezar por la corporeidad. Desde esta óptica, el cuerpo revela que, por sí misma, la persona no puede realizar el sentido de su existencia. Sólo la realiza plenamente existiendo con alguno y, más profundamente, existiendo para alguno. No se puede ser persona sin estar constitutivamente abierto a otros, y en esto consiste, precisamente, la condición sexuada. La mujer y el varón, por tanto, son cada uno un quien personal, un alguien que se abre a los otros y al mundo de un modo peculiar en su sentir, su inteligir y su donar. Distintos pero complementarios, porque desde sus diferencias, cada uno es la afirmación del otro y juntos enriquecen y plenifican todas las áreas de la vida.

Aquí parecen resolverse dos problemas ancestrales del feminismo. Desde sus comienzos, el pensamiento sobre la mujer ha tenido la tendencia de caer en uno de dos posibles extremos. Por un lado, se ha hablado del *eterno femenino*, tratando de encajar a la mujer en un molde esencialista, estático e inmutable. Por otro, se ha dicho que lo femenino, como tal, no existe, porque ser mujer es un mero constructo cultural. Pues bien, partiendo del principio de que naturaleza y cultura se conjugan íntimamente desde el inicio de la vida humana, podemos afi mar que *la mujer nace y se hace*, con la especial característica de que la feminidad se explica desde el ser personal, en cuanto al modo propio que tiene la mujer de darse a los otros y abrirse al mundo. De esta forma –puesto que la feminidad tiene que ver con el núcleo más profundo del ser, que es el quien personal– evitamos caer en ese ancestral esencialismo que pretendía determinar el modo en que la mujer puede desenvolverse en sociedad. Es importante insistir en esto porque hablar de condición sexuada, como la plantean estos humanistas, no es esencialismo, pues la persona está más allá de la esencia. Por lo mismo, este planteamiento de la diferencia sexual implica haber anclado, definitivamente, la diferencia en la igualdad. Hablar de condición sexuada en el marco ontológico de la persona supone hablar de una diferencia en el mismo interior del ser.

Las actuales teorías de género proponen también un pensamiento de la diferencia, pero lo hacen casi siempre desde lo disruptivo, desde lo que busca fracturar la unidad. Aquí hablamos, en cambio, de una *unidad diferenciada*, que plantea la diferencia entre varón y mujer desde el mismo rango ontológico. Varón y mujer, cada uno, es persona, y sus diferencias, por ser relacionales, no obstaculizan la unidad, sino que la posibilitan. Así, de un modo radical, en este planteamiento, la diferencia no fractura la unidad. Más aún, la hace posible. Se trata, entonces, de una diferencia en la igualdad, que rompe definitivamente con aquel prejuicio antropológico que identificaba la diferencia con la subordinación.

Y bien, ¿hacia dónde nos conducen todas estas consideraciones? En definitiva podemos concluir que una antropología como la que sostiene la visión de género predominante en nuestro tiempo resulta insuficiente para explicar la profunda y vasta realidad de la persona humana. De ahí que, para comprender real y profundamente la diferencia sexual, parece necesario penetrar más hondamente en las nociones de persona, libertad y dignidad. En efecto, cualquier teoría sobre género depende siempre de un planteamiento antropológico más amplio desde el que se explica al ser humano. Es importante considerar esto con seriedad, especialmente cuando se trata de admitir un planteamiento sobre el género como el que está en boga. Dicho modelo se construye sobre el edificio de una antropología que, desde mi perspectiva, no explica cabalmente la realidad humana, lo cual limita nuestra comprensión de la persona. Sorprendentemente, esto es algo sobre lo que pocos han reflexionado a fondo. Las teorías de género predominantes en la actualidad pueden, a primera vista, resultar muy atractivas, pero la idea de un sujeto inestable, cuyo único punto de partida es una libertad absoluta, que no tiene sentido ni dirección, es algo muy serio a tomar en cuenta. Una antropología así no permite concebir a la persona como don. Y en un panorama en el que se niegan por completo la naturaleza y el sentido de la libertad, la conclusión de Sartre es la única que puede tener cabida: *mi infierno son los otros*. ¿Es ésta la realidad más radical de la persona? Parece que no. En última instancia, no se puede hacer una teoría de la diferencia sexual desligada de la antropología. Explicamos el género según entendemos al hombre, según entendemos su libertad. Por eso, al considerar las diversas teorías de género que coexisten actualmente, habríamos de asumir todos los presupuestos antropológicos que conllevan.

En la opinión pública lo común es encontrar una u otra bandera de género, ondeadas sobre poca profundización antropológica. En consecuencia, los grupos opositores trabajan sobre cosas ya dichas, criticando lo que no les gusta del lado contrario, sin proponer soluciones. Sin embargo, un planteamiento antropológico deficiente no puede resolver el problema. Si queremos verdaderamente desentrañar el misterio de la diferencia sexual, necesitamos una ulterior profundización antropológica, necesitamos desarrollar una ontología peculiar para la antropología. Y ésta es una tarea todavía pendiente para la filosofía. Por eso admito, junto con Luce Irigaray, que la diferencia sexual es el tema filosófico más importante de nuestra época. Pensarlo, estudiarlo, profundizar en él será avanzar en nuestra comprensión de la persona, de su libertad y de las notas más profundas de su intimidad.

Referencias

Referencias primarias

Aparisi, Ángela y Castilla, Blanca, *Estudios sobre género y derecho. Una aproximación interdisciplinar*, Madrid, Thomson-Aranzadi, 2016.

Aparisi, Ángela, Miranda, Martha y Castilla, Blanca, *Los discursos sobre el género: algunas influencias en el ordenamiento jurídico español*, Valencia, Tirant Humanidades, 2016.

Ballesteros, Jesús, *Postmodernidad: decadencia o resistencia*, Madrid, Tecnos, 1989.

Beauvoir, Simone de, *El segundo sexo*, Buenos Aires, Sudamérica, 1999.

_______, *Memorias de una joven formal*, Buenos Aires, Sudamericana, 1999.

Benhabib, Seyla, Butler, Judith, Cornell, Drucilla y Fraser, Nancy, *Feminist Contentions: A Philosophical Exchange*, Nueva York, Routledge, 1995.

Burgos, Juan Manuel, *Introducción al personalismo*, Madrid, Palabra, 2012.

Butler, Judith, *Cuerpo que importan. Sobre los límites materiales y discursivos del sexo*, Buenos Aires, Paidós, 2002.

_______, *El género en disputa. El feminismo y la subversión de la identidad*, Buenos Aires, Paidós, 2007.

Castilla de Cortázar, Blanca, "¿Quién es la mujer? El genio de la mujer", *Quién*, núm. 3, 2016, pp. 69-85.

Castilla de Cortázar, Blanca, *Dignidad personal y condición sexuada. Un proseguir en Antropología*, Valencia, Tirant Humanidades, 2017.

________, "A propósito del *Segundo sexo* de Simone de Beauvoir", *Anales de la Real Academia de Doctores*, Vol. 4, núm. 2, 2000, pp. 401-410.

Catecismo de la Iglesia católica, México, Coeditores Católicos de México, 2003.

Duby, George y Perrot, Michelle, *Historia de las mujeres en Occidente*, Madrid, Taurus, 1991.

Elósegui, María y Marcuello, Ana Carmen, *Diez temas de género. Hombre y mujer ante los derechos productivos y reproductivos*, Madrid, EUNSA, 2002.

Femenías, María Luisa, *Sobre sujeto y género. Lecturas feministas desde Beauvoir a Butler*, Buenos Aires, Catálogos, 2000.

Fernández, Encarnación, *Igualdad y derechos humanos*, Madrid, Tecnos, 2003.

Friedan, Betty, *La segunda etapa*, Barcelona, Plaza & Janés, 1983.

________, *La mística de la feminidad*, Valencia, Ediciones Cátedra, 2009.

Goldberg, Steven, *La inevitabilidad del patriarcado*, Madrid, Alianza Editorial, 1976.

Irigaray, Luce, *Ser dos*, Barcelona, Paidós, 1998.

________, *Ese sexo que no es uno*, Madrid, Ediciones Akal, 2009.

Lipset, David, "Rereading *Sex and Temperament*: Margaret Mead's Sepik Triptych and its Etnographic Critics", *Anthropological Quarterly*, Vol. 76, núm. 4, 2003, pp. 693-713.

Marías, Julián, *Antropología metafísica*, Madrid, Revista de Occidente, 1970.

________, *La mujer y su sombra*, Madrid, Alianza Editorial, 1987.

Mead, Margaret, *Male and Female*, Nueva York, William Morrow, 1968.

________, *Blackberry Winter: My Earlier Years*, Nueva York, William Morrow & Company, 1972.

________, *Sexo y temperamento en tres sociedades primitivas*, Barcelona, Paidós, 2006.

Moeller, Charles, *Literatura del siglo XX y cristianismo*, Madrid, Gredos, 1978.

Moi, Toril, *What is a Woman? And Other Essays*, Nueva York, Oxford University Press, 1999.

Nubiola, Jaime, "Esencialismo, diferencia sexual y lenguaje", *Humanitas* XXIII, 2000, pp. 155-187.

Nussbaum, Martha, "The Professor of Parody: The hip Defeatism of Judith Butler", *The New York Republic*, 22 de febrero de 1999, pp. 37-45.

Padilla, María de los Ángeles, *La mística de la feminidad de Betty Friedan y El género en disputa de Judith Butler: dos textos emblemáticos del siglo XX*, tesis doctoral, México, Universidad Panamericana, 2014.

Palacios, Juan Miguel, *La condición de lo humano*, Madrid, Encuentro, 2013.

Pablo VI, Carta encíclica *Humanae vitae*, 1968 [en línea], disponible en <http://w2.vatican.va/content/paul-vi/es/encyclicals/documents/hf_p-vi_enc_25071968_humanae-vitae.html>.

Polo, Leonardo, *Presente y futuro del hombre*, 2a. ed., Madrid, Ediciones Rialp, 2012.

________, *Persona y libertad*, Pamplona, EUNSA, 2007.

________, *Sobre la existencia cristiana*, Pamplona, EUNSA, 1996.

Reeves Sanday, Peggy, "Margaret Mead's View of sex Roles in her Own and Other Socities", *American Anthropologist*, nueva serie, Vol. 82, núm. 2, 1980, pp. 340-348.

Sartre, Jean-Paul, *El existencialismo es un humanismo*, México, Quinto Sol, 1994.

Scheler, Max, *El puesto del hombre en el cosmos*, Buenos Aires, Losada, 1967.

Spaemann, Robert, *Lo natural y lo racional*, Chile, Instituto de Estudios de la Sociedad, 2011.

Wojtyla, Karol, *Persona y acción*, Madrid, Palabra, 2011.

________, *Hombre y mujer los creó. Catequesis sobre el amor humano*, Madrid, Ediciones Cristiandad, 2010.

________, *Esplendor de paternidad*, Madrid, BAC, 1990.

________, *Amor y responsabilidad*, Madrid, Razón y Fe, 1978.

Zubiri, Xavier, "El hombre, realidad personal", *Revista de Occidente*, segunda época, núm. 1, 1963, pp. 5-29.

Zubiri, Xavier, *El hombre y Dios*, Madrid, Alianza Editorial, 1984.

________, *Sobre el hombre*, Madrid, Alianza Editorial, 1984.

________, *Naturaleza, historia, dios*, Madrid, Alianza Editorial, 1994.

Referencias secundarias

Aquino, Tomás de, *Suma teológica,* Madrid, BAC, 1955-1964.

Aristóteles, *De generatione animalium,* Madrid, Gredos, 1994.

________, *Física,* Madrid, Gredos, 2002.

________, *Metafísica,* Madrid, Gredos, 2000.

________, *Política,* Madrid, Gredos, 2000.

Bachofen, Jakob, *El matriarcado,* Madrid, Akal, 2008.

Benedict, Ruth, *El hombre y la cultura,* Buenos Aires, Centro Editor de América Latina, 1971.

Bergson, Henry, *El cuerpo y el alma,* Madrid, Encuentro, 2009.

Braidotti, Rosi, *Metamorfosis. Hacia una teoría materialista del devenir,* Madrid, Ediciones Akal, 2005.

Bronstein, Carolyn, "Representing the Third Wave: Mainstream Print Media Framing of a new Feminist Movement", *Journalism and Mass Communication Warterly,* 82/4, 2005, pp. 783-803.

Butler, Judith y Fraser, Nancy, *¿Redistribución o reconocimiento? Un debate entre marxismo y feminismo,* Madrid, Trafica tes de Sueños, 2000.

Caravero, Adriana y Butler, Judith, *Cuerpo, memoria y representación,* Barcelona, Icaria, 2014.

Castilla, Blanca, "Noción de persona y antropología trascendental", *Miscelánea Poliana,* núm. 40, 2013, pp. 62-94.

Condorcet, Jean-Antoine, *Bosquejo de un cuadro histórico de los progresos del espíritu humano,* Madrid, Centros de Estudios Políticos y Constitucionales, 2004.

Cruz Prados, Alfredo, *Ethos y Polis. Bases para una reconstrucción de la filosofía política,* Pamplona, EUNSA, 2006.

Donati, Paolo, *Uomo e donna in familia,* San Paolo, Cinisello Balsamo, 1997.

Engels, Friedrich, *El origen de la familia: la propiedad privada y el Estado,* México, Coyoacán, 1994.

Falgueras Salinas, Ignacio, *Antropología y trascendencia,* Málaga, Servicio de Publicaciones, 2008.

Fernández, Clemente, *Los filósofos medievales*, Madrid, BAC, 1979.

Flax, Jane, *Thinking Fragments, Psychoanalysis, Feminism and Postmodernism in the Contemporary West*, Los Ángeles, University of California Press, 1990.

Formaget, Michel, *Corps-âme-esprit. Introduction à l'antropologie ternaire*, París, Edifi , 2000.

Forment, Eudaldo, *Ser y persona*, Barcelona, PPU, 1983.

Foucault, Michel, *Historia de la sexualidad I: la voluntad de saber*, Madrid, Siglo XXI, 1978.

Hall, Elaine y Salupo, Marnie, "The Myth of Postfeminism", *Gender and Society*, 17/6, 2003, pp. 878-902.

Haraway, Donna, *Simians, Cyborgs and Women: The Reinvention of Nature*, Nueva York, Routledge, 1991.

Hegel, G.W.F., *Fenomenología del espíritu*, México, FCE, 2009.

Hennessy, Rosemary, "Queer Visibility in Commodity Culture", *Cultural Critique*, núm. 29, 1994-1995, pp. 31-76.

Houvouras, Shannon y Carter, J. Scott, "The F Word: College Students' Definitions of a Feminist", *Sociological Forum*, 23/2, 2008, pp. 234-256.

Husserl, Edmund, *Experiencia y juicio: investigaciones acerca de la genealogía de la lógica*, México, Instituto de Investigaciones Filosófica , UNAM, 1980.

Jagose, Annamarie, *Queer Theory. An Introduction*, Nueva York, New York University Press, 1996.

Jellinek, Georg, *La declaración de los derechos del hombre y del ciudadano*, México, UNAM, 2000.

Juan Pablo II, Carta apostólica *Mulieris dignitatem*. Sobre la dignidad y la vocación de la mujer, 1988 [en línea], disponible en <http://w2.vatican.va/content/john-paul-ii/es/apost_letters/1988/documents/hf_jp-ii_apl_19880815_mulieris-dignitatem.html>.

Kant, Immanuel, *Fundamentación de la metafísica de las costumbres*, México, Austral, 1967.

Kuby, Gabriele, *La revolución sexual global*, Madrid, Didaskalos, 2017.

Lévinas, Emmanuel, *De otro modo que ser o más allá de la esencia*, Salamanca, Sígueme, 1987.

Lévinas, Emmanuel, *Totalidad e infinito. Ensayo sobre la exterioridad*, Salamanca, Sígueme, 1977.

__________, *Humanismo del otro hombre*, México, Siglo XXI, 1974.

Lévi-Strauss, Claude, *El pensamiento salvaje*, México, FCE, 1964.

Mendoza, Breny, *Ensayos de crítica feminista de nuestra América*, México, Herder, 2015.

Morey, Miguel, *Estudios sobre la sexualidad en el mundo contemporáneo*, Navarra, Instituto de Ciencias para la Familia, 2002.

Murano, Luisa, *El orden simbólico de la madre*, Madrid, Horas y Horas, 1994.

Pernoud, Régine, *La mujer en el tiempo de las catedrales*, Barcelona, Andrés Bello, 1999.

Puleo Alicia (ed.), *Condorcet, De Gouges, De Lambert y otros. La Ilustración olvidada, la polémica de los sexos en el siglo XVIII*, Madrid, Anthropos, 1993.

Reiter, Rayna (ed.), *Toward an Anthropology of Women*, Nueva York, Monthly Review Press, 1975.

Rodríguez, Cristián, *Lo natural y lo racional*, Chile, Instituto de Estudios de la Sociedad.

Ruiz de la Peña, Juan Luis, *Las nuevas antropologías*, Santander, Sal Terrae, 1983.

Sartre, Jean-Paul, *El ser y la nada*, Buenos Aires, Losada, 1966.

Saussure, Ferdinand de, *Curso de lingüística general*, Barcelona, Planeta Agostini, 1993.

Stuart Mill, John, *El sometimiento de las mujeres*, México, Alianza Editorial, 2010.

Wiegman, Robin, "Feminism´s Apocalyptic Futures", *New Literary History*, Vol. 31, núm. 4, 2000, pp. 805-825.

Wollstonecraft, Mary, *Vindicación de los derechos de la mujer*, Madrid, Istmo, 2005.

Zubiri, Xavier, *Sobre el sentimiento y la volición*, Madrid, Alianza Editorial, 1992.

Esta edición consta de 500 ejemplares y se imprimió
el 25 de marzo 2021,
en memoria de la Solemnidad de la Anunciación,
en la imprenta Ultra Digital Press, S.A. de C.V.
Ciudad de México, México